OBUNSHA POKEDERU

中学入試 でる順
ポケでる 社会

地 理

三訂版

旺文社

特長と使い方

① 入試にでる順にポイントを集中的にチェックできる！
② **でるポイント＋でる問題** の2ステップ学習方式なので，すいすいおぼえられるよ！

使い方1 「でるポイント」をまるごとおさえる！

でる順位
それぞれの範囲ごとのでる順位を示しているよ。

でるポイント
覚えておきたいポイントをわかりやすくまとめたよ。全体のながれをつかんでおこう。

でる度
でる度は学習の目安にしよう。

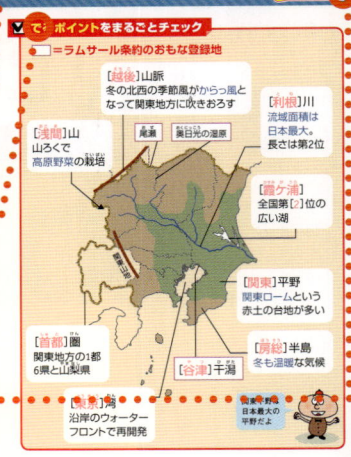

使い方3 ピンポイント攻略編

よくでる用語・グラフ・数字をあつめたよ。知識の整理にも効果的だ！

入試のツボ 関東平野の西から東へ、利根川が流れる！

重要ポイント攻略編

でる問題でさらにおさえよう！

- □ 関東地方の北西部では、冬は〔からっ風〕とよばれる北西の季節風が強く吹く。
  - ☝もっと 家ごとに屋敷森という防風林がつくられている。
- □ 太平洋岸では、暖流の〔黒潮〔日本海流〕〕の影響で、冬でも比較的温暖な気候である。
- □ 関東平野は、〔関東ローム〕とよばれる火山灰土におおわれた台地が多い。
  - ☝もっと 関東平野は、日本最大の平野。
- □ 琵琶湖に次いで日本で2番目に面積が広い湖は、茨城県の〔霞ケ浦〕である。
- □ 首都圏とは、関東地方の1都6県に〔山梨〕県を加えた地域である。
- □ 〔利根〕川は、上流に多くのダムがあり、「首都圏の水がめ」の役割をもっている。
- □ 利根川は、下流は〔千葉〕県と〔茨城〕県の境を流れ、太平洋に注いでいる。
  - ☝もっと かつては東京湾へ注いでいたが、江戸時代に治水事業が行われ、現在の流路となっている。

使い方2 「でる問題」で集中トレーニング！

でる問題

入試によくでる問題をここで集中的にトレーニング！

使い方4 都道府県の位置と形

パズル感覚で、47都道府県の名前や位置などを確認することができるよ。

都道府県の位置と形

（各県は等しい縮尺で表示。島は一部を省略しています）

●北海道・東北地方

北海道
〔札幌〕市

重要ポイント攻略編

でる順 1位 都道府県・地方の特色
- ①都道府県の特色①　　　　　　　　　　　　　　　　　　　8
- ②都道府県の特色②　　　　　　　　　　　　　　　　　　　10
- ③九州地方の自然　　　　　　　　　　　　　　　　　　　　12
- ④九州地方の農林水産業　　　　　　　　　　　　　　　　　14
- ⑤九州地方の工業　　　　　　　　　　　　　　　　　　　　16
- ⑥中国・四国地方の自然　　　　　　　　　　　　　　　　　18
- ⑦中国・四国地方の農林水産業　　　　　　　　　　　　　　20
- ⑧中国・四国地方の工業　　　　　　　　　　　　　　　　　22
- ⑨近畿地方の自然　　　　　　　　　　　　　　　　　　　　24
- ⑩近畿地方の農林水産業　　　　　　　　　　　　　　　　　26
- ⑪近畿地方の工業　　　　　　　　　　　　　　　　　　　　28
- ⑫中部地方の自然　　　　　　　　　　　　　　　　　　　　30
- ⑬中部地方の農林水産業　　　　　　　　　　　　　　　　　32
- ⑭中部地方の工業　　　　　　　　　　　　　　　　　　　　34
- ⑮関東地方の自然　　　　　　　　　　　　　　　　　　　　36
- ⑯関東地方の農林水産業　　　　　　　　　　　　　　　　　38
- ⑰関東地方の工業　　　　　　　　　　　　　　　　　　　　40
- ⑱東北地方の自然　　　　　　　　　　　　　　　　　　　　42
- ⑲東北地方の農林水産業　　　　　　　　　　　　　　　　　44
- ⑳東北地方の工業　　　　　　　　　　　　　　　　　　　　46
- ㉑北海道地方の自然　　　　　　　　　　　　　　　　　　　48
- ㉒北海道地方の農林水産業　　　　　　　　　　　　　　　　50
- ㉓北海道地方の工業　　　　　　　　　　　　　　　　　　　52

でる順 2位 日本の国土と自然
- ①平野　　　　　　　　　　　　　　　　　　　　　　　　　54
- ②川　　　　　　　　　　　　　　　　　　　　　　　　　　56
- ③湖・海・海流　　　　　　　　　　　　　　　　　　　　　58
- ④気候　　　　　　　　　　　　　　　　　　　　　　　　　60
- ⑤山地・山脈　　　　　　　　　　　　　　　　　　　　　　62
- ⑥盆地・台地　　　　　　　　　　　　　　　　　　　　　　64
- ⑦湾・岬　　　　　　　　　　　　　　　　　　　　　　　　66
- ⑧火山　　　　　　　　　　　　　　　　　　　　　　　　　68
- ⑨半島・島　　　　　　　　　　　　　　　　　　　　　　　70
- ⑩人口　　　　　　　　　　　　　　　　　　　　　　　　　72
- ⑪位置と範囲　　　　　　　　　　　　　　　　　　　　　　74

でる順 ③位 日本の農林水産業
- ①米作り① ……………………… 👑👑👑 …76
- ②米作り② ……………………… 👑👑👑 …78
- ③畑作 …………………………… 👑👑👑 …80
- ④農業の課題 …………………… 👑👑👑 …82
- ⑤食料自給率 …………………… 👑👑👑 …84
- ⑥農業の工夫 …………………… 👑👑 …86
- ⑦水産業 ………………………… 👑👑👑 …88
- ⑧畜産業 ………………………… 👑 …90
- ⑨林業 …………………………… 👑 …92

でる順 ④位 日本の工業と資源
- ①工場の分布 …………………… 👑👑 …94
- ②工業の歴史 …………………… 👑👑 …96
- ③資源 …………………………… 👑👑👑 …98
- ④エネルギー …………………… 👑👑👑 …100
- ⑤伝統工業 ……………………… 👑👑 …102
- ⑥工業地帯 ……………………… 👑👑👑 …104
- ⑦工業地域 ……………………… 👑👑 …106

でる順 ⑤位 世界のすがた
- ①世界の国々① ………………… 👑👑 …108
- ②世界の国々② ………………… 👑👑 …110
- ③世界の都市 …………………… 👑👑 …112
- ④世界の地形 …………………… 👑👑👑 …114
- ⑤世界の気候 …………………… 👑👑👑 …116
- ⑥アメリカ合衆国 ……………… 👑👑👑 …118
- ⑦ヨーロッパ …………………… 👑👑👑 …120
- ⑧アジア ………………………… 👑👑👑 …122
- ⑨オーストラリア ……………… 👑👑👑 …124

でる順 ⑥位 日本の貿易・運輸・交通
- ①貿易 …………………………… 👑👑👑 …126
- ②運輸 …………………………… 👑👑👑 …128
- ③交通 …………………………… 👑👑👑 …130

でる順 ⑦位 環境問題
- ①公害 …………………………… 👑👑 …132
- ②地球全体の問題 ……………… 👑👑👑 …134

- ③世界遺産 …………………… 👑👑👑 …136
- ④リサイクル …………………… 👑👑 …138

でる順 8 位 地図の見方
- ①縮尺 …………………………… 👑👑👑 …140
- ②地図記号 ……………………… 👑👑👑👑 …142
- ③方位・等高線 ………………… 👑👑👑 …144
- ④いろいろな地図 ……………… 👑👑👑 …146
- ⑤世界地図 ……………………… 👑👑👑 …148

でる順 9 位 生活と情報
- ①通信・情報 …………………… 👑👑 …150

でる順 10 位 世界の産業
- ①各国の産業 …………………… 👑👑👑 …152
- ②世界の貿易 …………………… 👑👑👑👑 …154

● 都道府県を整理しよう！ ……………………………156

ピンポイント攻略編
- よくでる用語 …………………………………158
- よくでるグラフ ………………………………170
- よくでる数字 …………………………………182

● 都道府県の位置と形 ……………………………186

スタッフ
編集／廣瀬由衣
装丁／養父正一(Eye-Some Design)　松田英之(Eye-Some Design)
イラストレーション／北田哲也　本文デザイン／木下春圭（株式会社ウエイド）
編集協力／有限会社編集室ビーライン
校閲／中山みどり　株式会社 東京出版サービスセンター

重要ポイント攻略編

- でる順 **1** 位 都道府県・地方の特色 ……… 8
- でる順 **2** 位 日本の国土と自然 ……… 54
- でる順 **3** 位 日本の農林水産業 ……… 76
- でる順 **4** 位 日本の工業と資源 ……… 94
- でる順 **5** 位 世界のすがた ……… 108
- でる順 **6** 位 日本の貿易・運輸・交通 …… 126
- でる順 **7** 位 環境問題 ……… 132
- でる順 **8** 位 地図の見方 ……… 140
- でる順 **9** 位 生活と情報 ……… 150
- でる順 **10** 位 世界の産業 ……… 152

でる順 1位 都道府県・地方の特色

1 都道府県の特色①

✓ でるポイントをまるごとチェック

●面積の大きい都道府県(2013年)

順位	都道府県名	面積(km²)
1	[北海道]	*83457
2	岩手	15279
3	[福島]	13783
4	長野	13562
5	新潟	12584

＊北方領土を含む

●人口の多い都道府県(2013年)

順位	都道府県名	人口(万人)
1	[東京]	1330
2	神奈川	908
3	大阪	885
4	[愛知]	744
5	埼玉	722

(「日本国勢図会」2014／15年版)

●特色のある都道府県

日本一島が多い県	8つの県と接している中部地方の県	大きな半島に特色がある県
[長崎]県	[長野]県	[石川]県

面積が最も小さい県	海岸線に特色がある県	広い湖のある県
[香川]県	[愛媛]県	[滋賀]県

入試のツボ 47 都道府県のうち，最も広いのは北海道！

重要ポイント攻略編

でる問題でさらにおさえよう！

でる！ □都道府県の数は，1都，1道，〔2〕府，〔43〕県である。

□面積が最も広い県は〔岩手県〕である。

でる！ □人口が最も多い都道府県は東京都，第2位は〔神奈川県〕，第3位は大阪府である。

□滋賀県や奈良県は〔近畿〕地方の県である。

□中国地方の〔鳥取県〕は，全国で最も人口が少ない県である。

でる！ □中部地方で，海に面していない県は，長野県と〔山梨県〕，岐阜県である。

> **知ットク** 海に面していないほかの県は，栃木県，群馬県，埼玉県，滋賀県，奈良県。

□最も多くの都道府県と陸地で接しているのは，中部地方の〔長野県〕である。

> **Pポイント** 新潟県，富山県，岐阜県，愛知県，静岡県，山梨県，埼玉県，群馬県と接している。

□四方を海にかこまれている都道府県には，北の〔北海道〕と南の〔沖縄県〕がある。

□海岸線の長さが最も長いのは北海道，第2位は九州地方の〔長崎県〕である。

でる順 1位 都道府県・地方の特色

2 都道府県の特色②

でる度 ★★★

✓ でるポイントをまるごとチェック

● おもな都市

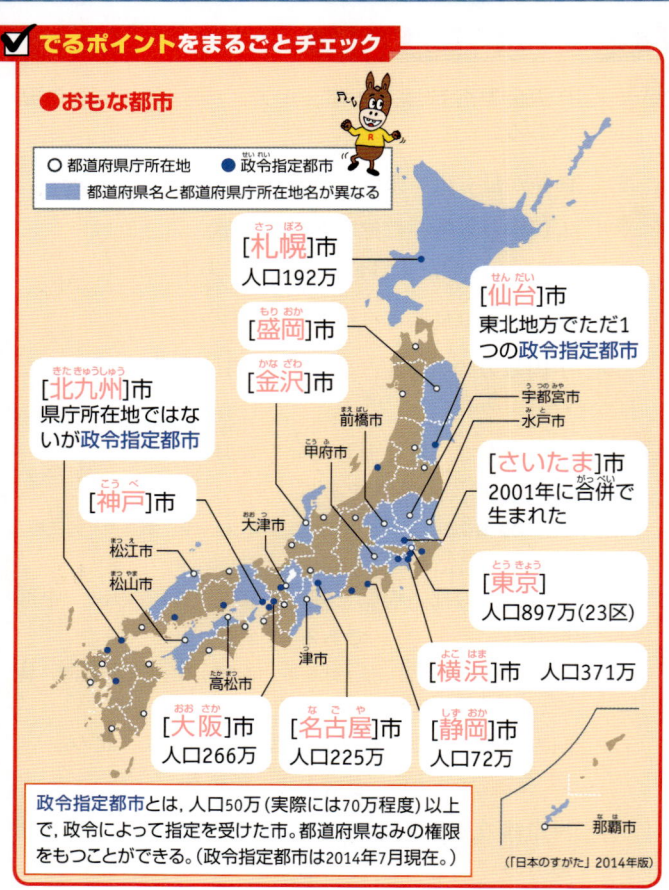

○ 都道府県庁所在地　● 政令指定都市
■ 都道府県名と都道府県庁所在地名が異なる

[札幌]市　人口192万

[仙台]市　東北地方でただ1つの政令指定都市

[盛岡]市

[金沢]市

[北九州]市　県庁所在地ではないが政令指定都市

前橋市
甲府市
宇都宮市
水戸市

[さいたま]市　2001年に合併で生まれた

[神戸]市

大津市
松江市
松山市

[東京]　人口897万(23区)

津市

高松市

[横浜]市　人口371万

[大阪]市　人口266万

[名古屋]市　人口225万

[静岡]市　人口72万

那覇市

政令指定都市とは、人口50万(実際には70万程度)以上で、政令によって指定を受けた市。都道府県なみの権限をもつことができる。(政令指定都市は2014年7月現在。)

(「日本のすがた」2014年版)

入試のツボ 県庁所在地名と県名が異なる県を覚えよう！

重要ポイント攻略編

でる問題でさらにおさえよう！

でる! □北海道の道庁所在地である〔札幌〕市は，政令指定都市でもある。

でる! □東北地方の県で，県名と県庁所在地名が異なる県は，岩手県と〔宮城〕県である。

□関東地方で，都県名と都県庁所在地名が同じなのは，東京都と〔千葉〕県である。

□近畿地方の政令指定都市には，人口の多い順に大阪市と〔神戸〕市，〔京都〕市，堺市がある。

□三重県の県庁所在地は〔津〕市，滋賀県の県庁所在地は〔大津〕市である。

□中国・四国地方の政令指定都市は，〔広島〕市と岡山市である。

□九州地方で，政令指定都市が2つある県は，〔福岡〕県である。

Pポイント 福岡市と北九州市が政令指定都市である。

□九州地方で，県名と県庁所在地名が異なるのは，〔沖縄〕県だけである。

でる順1位 都道府県・地方の特色

3 九州地方の自然

でる度 ♛♛♛

✓ でるポイントをまるごとチェック

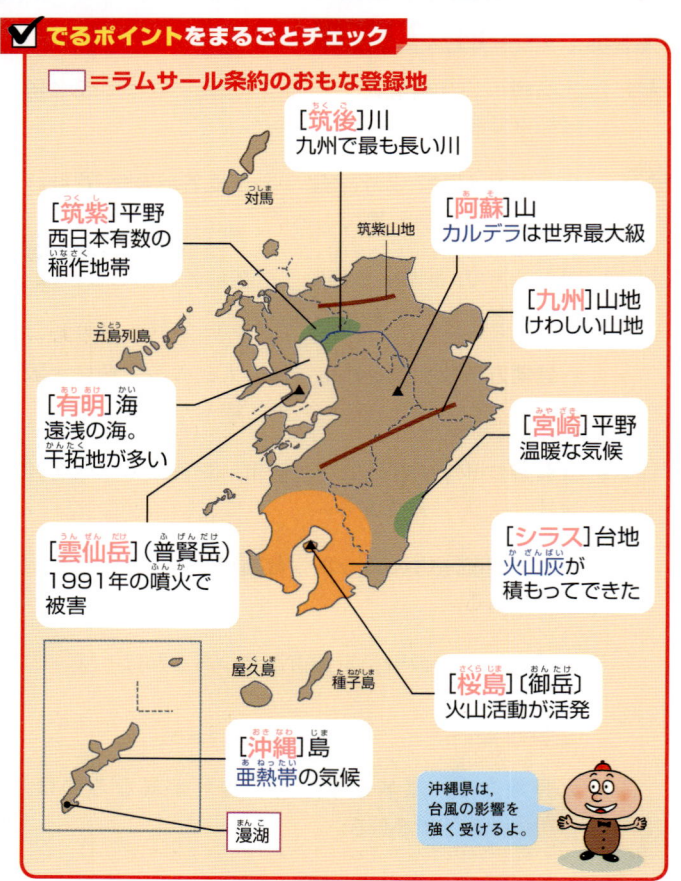

□＝ラムサール条約のおもな登録地

- [筑後]川 九州で最も長い川
- [筑紫]平野 西日本有数の稲作地帯
- [阿蘇]山 カルデラは世界最大級
- [九州]山地 けわしい山地
- 対馬
- 筑紫山地
- 五島列島
- [有明]海 遠浅の海。干拓地が多い
- [宮崎]平野 温暖な気候
- [雲仙岳](普賢岳) 1991年の噴火で被害
- [シラス]台地 火山灰が積もってできた
- 屋久島
- 種子島
- [桜島]([御岳]) 火山活動が活発
- [沖縄]島 亜熱帯の気候
- 漫湖

沖縄県は、台風の影響を強く受けるよ。

入試のツボ 北部に筑紫平野，南部にシラス台地がある！

重要ポイント攻略編

でる問題でさらにおさえよう！

- □ 〔雲仙〕岳〔普賢岳〕は島原半島にあり，桜島〔御岳〕は大隅半島と地続きである。

- □ 有明海は遠浅なので，古くから，〔干拓〕が行われてきた。

  Pポイント 有明海には広い干潟があり，ムツゴロウなど海の生物の宝庫となっている。

- **でる!** □ 筑後川が流れ，佐賀県と福岡県にまたがる平野は〔筑紫〕平野である。

- □ 鹿児島県から宮崎県南部にかけての地域には，火山灰などが積もってできた〔シラス〕台地が広がっている。

- **でる!** □ 熊本県の阿蘇山には，世界最大級の〔カルデラ〕が見られる。

  知ットク 集落があり，鉄道が引かれ，牧牛などの産業も行われている。

- **でる!** □ 縄文すぎで知られる〔屋久〕島は，世界自然遺産に登録されている。

- □ 沖縄県は年じゅう高温の〔亜熱帯〕の気候である。

  知ットク 暖かい気候や美しい自然などを生かし観光業がさかん。

でる順 1位 都道府県・地方の特色

4 九州地方の農林水産業　でる度 ♛♛

✓ でるポイントをまるごとチェック

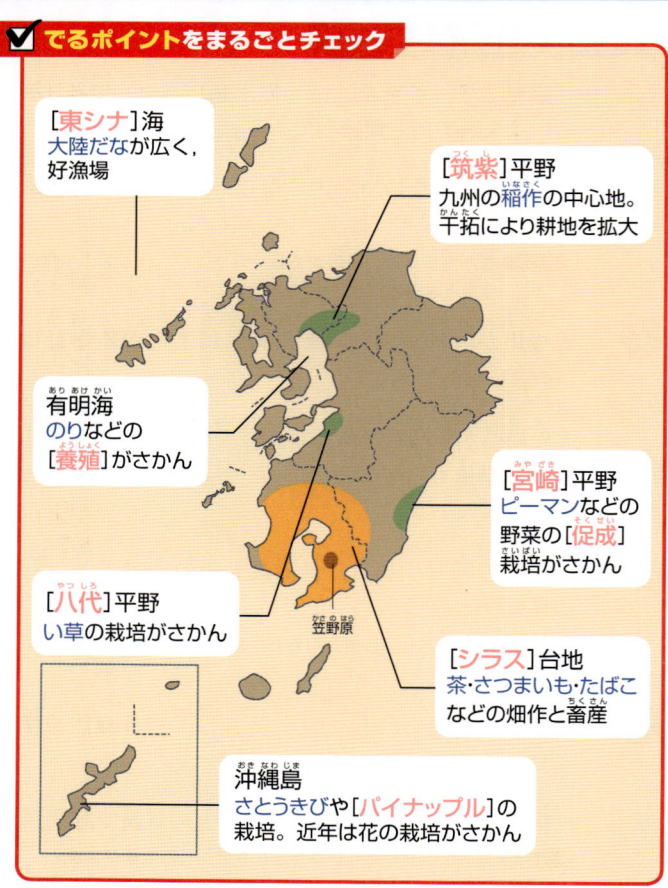

[東シナ]海
大陸だなが広く，好漁場

[筑紫]平野
九州の稲作の中心地。干拓により耕地を拡大

有明海
のりなどの[養殖]がさかん

[宮崎]平野
ピーマンなどの野菜の[促成]栽培がさかん

[八代]平野
い草の栽培がさかん

笠野原

[シラス]台地
茶・さつまいも・たばこなどの畑作と畜産

沖縄島
さとうきびや[パイナップル]の栽培。近年は花の栽培がさかん

入試のツボ
筑紫平野で稲作、シラス台地で畑作・畜産がさかん！

重要ポイント攻略編

でる問題でさらにおさえよう！

でる! □筑紫平野や八代平野は、水田で米のあとに他の作物をつくる〔二毛〕作がさかん。

□八代平野で、裏作として栽培がさかんで、たたみ表の材料になる作物は〔い草〕である。

でる! □宮崎平野では、ビニルハウスなどを利用した野菜の〔促成〕栽培がさかんで、〔ピーマン〕やきゅうりなどの生産高が多い。

でる! □シラス台地では、〔笠野原〕で大規模な開発が行われ、畑作がさかんになった。

□鹿児島県では、畜産がさかんで、〔ぶた〕や肉牛、肉用若鶏（にわとり）の飼育数は全国有数である。

でる! □遠浅の海が広がる有明海では、〔のり〕の養殖が行われている。

でる! □沖縄県は、亜熱帯の気候を生かし、さとうの原料となる〔さとうきび〕やパイナップルの栽培がさかん。

でる順 1位 都道府県・地方の特色

5 九州地方の工業 でる度 ♛♛

✓ でるポイントをまるごとチェック

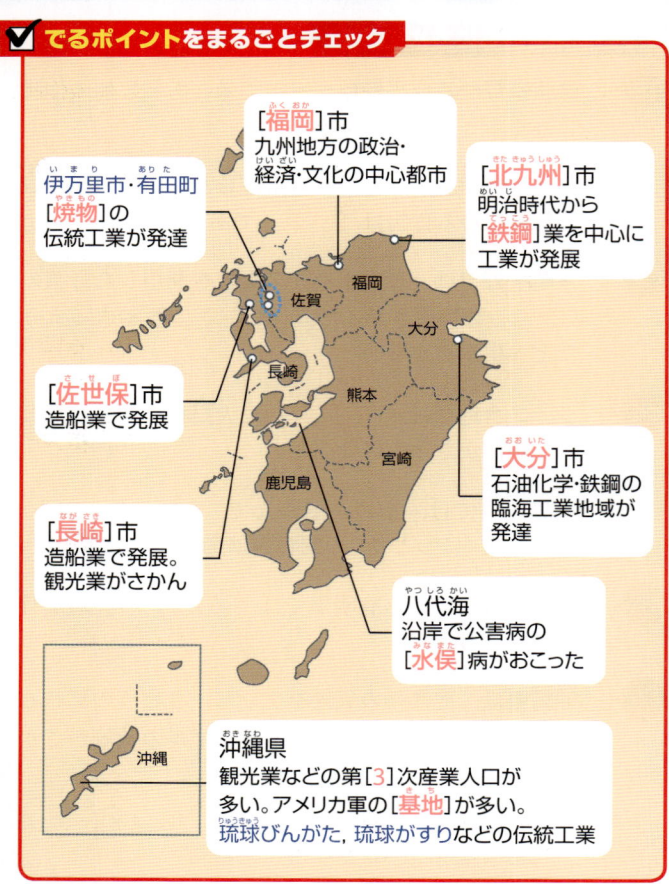

[福岡]市
九州地方の政治・経済・文化の中心都市

伊万里市・有田町
[焼物]の伝統工業が発達

[北九州]市
明治時代から[鉄鋼]業を中心に工業が発展

[佐世保]市
造船業で発展

[大分]市
石油化学・鉄鋼の臨海工業地域が発達

[長崎]市
造船業で発展。観光業がさかん

八代海
沿岸で公害病の[水俣]病がおこった

沖縄県
観光業などの第[3]次産業人口が多い。アメリカ軍の[基地]が多い。
琉球びんがた、琉球がすりなどの伝統工業

入試のツボ 福岡市は九州の中心都市。北九州工業地域は近年地位が低下している！

重要ポイント攻略編

でる問題でさらにおさえよう！

でる！ □北九州市では、明治時代に、官営の〔八幡〕製鉄所ができて以来、工業が発達した。

> 知ットク 九州はIC工場が多いことから、「シリコンアイランド」とよばれている。

□北九州市の鉄鋼業は、筑豊炭田で産出された〔石炭〕と輸入された鉄鉱石を利用して発展した。

□佐賀県では、〔伝統的工芸品〕の焼物である伊万里・有田焼がつくられている。

□〔福岡〕市は、人口が100万をこえる政令指定都市である。

□〔長崎〕市には、第二次世界大戦末期、広島市についで原子爆弾が投下された。

でる！ □熊本県の〔水俣〕市周辺では、化学工場のはい水により、深刻な公害病がおこった。

□沖縄県は、全国的にみて、観光業などの第〔3〕次産業で働く人の割合が高い。

□沖縄県には、広大な〔アメリカ〕軍の基地があり、土地の返還を求める声が高い。

でる順 1位 都道府県・地方の特色

6 中国・四国地方の自然 でる度 ♛

☑ でるポイントをまるごとチェック

☐ =ラムサール条約のおもな登録地

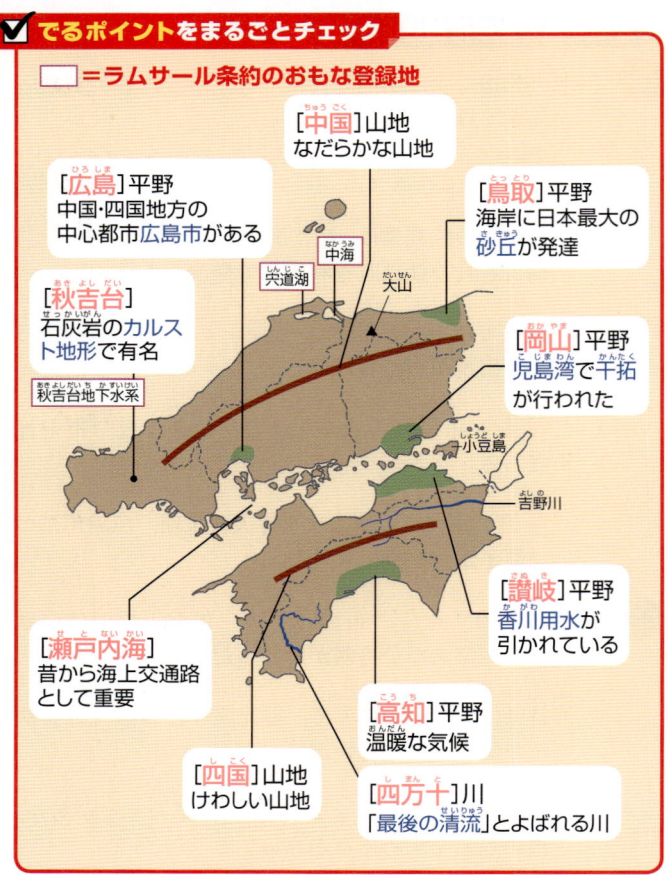

[中国]山地
なだらかな山地

[広島]平野
中国・四国地方の
中心都市広島市がある

[鳥取]平野
海岸に日本最大の
砂丘が発達

宍道湖
中海
大山

[秋吉台]
石灰岩のカルス
ト地形で有名

秋吉台地下水系

[岡山]平野
児島湾で干拓
が行われた

小豆島

吉野川

[讃岐]平野
香川用水が
引かれている

[瀬戸内海]
昔から海上交通路
として重要

[高知]平野
温暖な気候

[四国]山地
けわしい山地

[四万十]川
「最後の清流」とよばれる川

入試のツボ　山陰の鳥取砂丘、瀬戸内の讃岐平野、南四国の高知平野をおさえよう！

重要ポイント攻略編

でる問題でさらにおさえよう！

□南四国は、沖合いを〔黒潮〔日本海流〕〕が流れ、温暖な気候である。

□瀬戸内は、1年を通して雨が〔少なく〕、冬も温和。
　ポイント 中国山地と四国山地にはさまれ、季節風の影響が少ないため。

□鳥取平野の海岸には、日本最大の〔砂丘〕がある。

□〔岡山〕平野に面した児島湾では、古くから〔干拓〕によって土地が広げられてきた。

□瀬戸内の〔讃岐〕平野には、かんがいのために、満濃池など多くのため池がつくられた。

□讃岐平野には、〔吉野〕川から〔香川〕用水が引かれている。

□高知県西部を流れる〔四万十〕川は、流域にダムがないので、「最後の清流」ともよばれる。

□秋吉台は、石灰岩が雨水に浸食されてできた〔カルスト〕地形で、地下には鍾乳洞がある。

□中国山地や四国山地の山間部の市町村では、人口が減りすぎて地域社会の維持が困難になる〔過疎〕の状態になっている。

でる順 1位 都道府県・地方の特色

7 中国・四国地方の農林水産業　でる度 ★★

✓ でるポイントをまるごとチェック

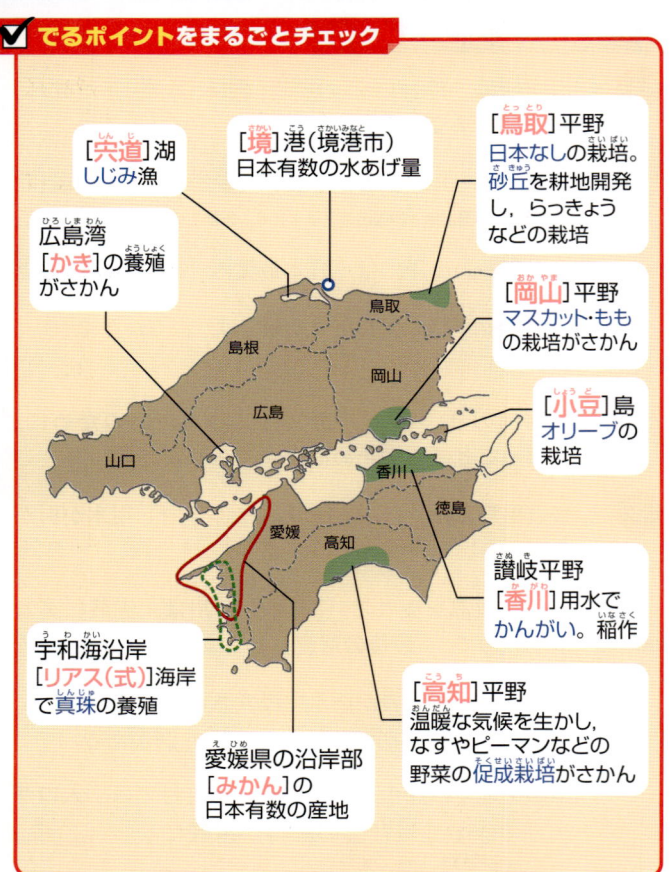

- [宍道]湖　しじみ漁
- [境]港(境港市)　日本有数の水あげ量
- [鳥取]平野　日本なしの栽培。砂丘を耕地開発し、らっきょうなどの栽培
- 広島湾　[かき]の養殖がさかん
- [岡山]平野　マスカット・ももの栽培がさかん
- [小豆]島　オリーブの栽培
- 讃岐平野　[香川]用水でかんがい。稲作
- 宇和海沿岸　[リアス(式)]海岸で真珠の養殖
- 愛媛県の沿岸部　[みかん]の日本有数の産地
- [高知]平野　温暖な気候を生かし、なすやピーマンなどの野菜の促成栽培がさかん

入試のツボ

愛媛県でみかん栽培，高知平野で野菜の促成栽培がさかん！

重要ポイント攻略編

でる問題でさらにおさえよう！

でる! □〔愛媛〕県では，だんだん畑などでみかんの栽培がさかんで，生産高は日本有数である。

でる! □高知平野では，冬の〔温暖〕な気候を生かし，野菜の〔促成〕栽培がさかんである。

□高知県は，〔なす〕やピーマンなどの野菜の生産高が全国有数である。

□香川用水で〔かんがい〕された讃岐平野では，稲作がさかんである。

□瀬戸内海の小豆島では，〔オリーブ〕の栽培がさかんである。

Pポイント 油をとったり，化粧品に利用されるなどしている。

□岡山平野では，〔マスカット〕やももなどのくだものの栽培がさかんである。

□鳥取県は，日本〔なし〕の生産高が全国有数で，二十世紀という品種の生産が多い。

□〔広島〕湾ではかきの養殖がさかんで，〔愛媛〕県の宇和海沿岸では真珠の養殖がさかんである。

知ットク 養殖漁業は，魚や貝などを大きくなるまで育ててとる漁業。

でる順 ① 位 都道府県・地方の特色

8 中国・四国地方の工業

でる度 ♛♛♛

✓ でるポイントをまるごとチェック

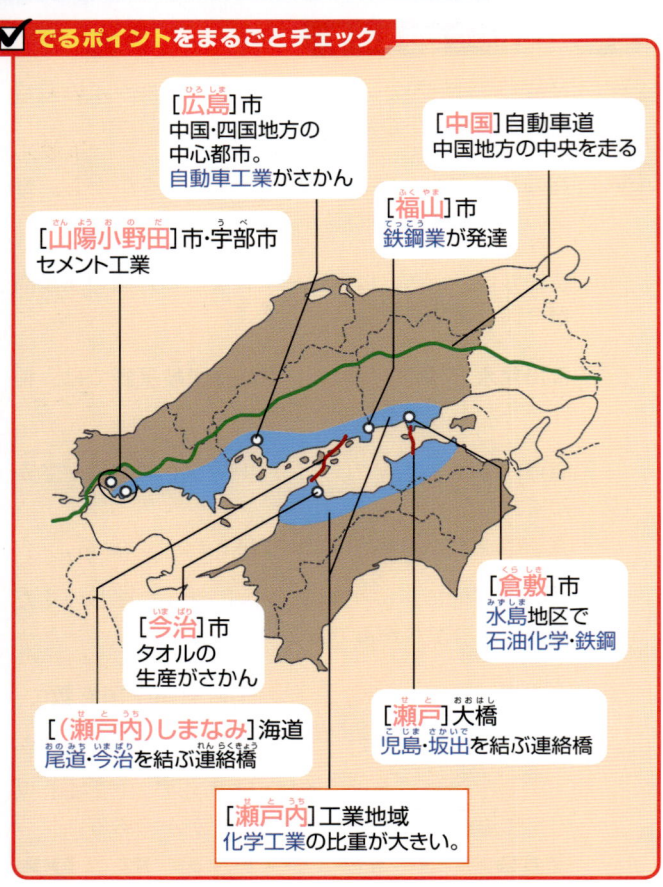

[広島]市
中国・四国地方の中心都市。
自動車工業がさかん

[中国]自動車道
中国地方の中央を走る

[福山]市
鉄鋼業が発達

[山陽小野田]市・宇部市
セメント工業

[倉敷]市
水島地区で
石油化学・鉄鋼

[今治]市
タオルの
生産がさかん

[(瀬戸内)しまなみ]海道
尾道・今治を結ぶ連絡橋

[瀬戸]大橋
児島・坂出を結ぶ連絡橋

[瀬戸内]工業地域
化学工業の比重が大きい。

入試のツボ
倉敷（水島地区）の石油化学・鉄鋼，広島の自動車工業をおさえる！

重要ポイント攻略編

でる問題でさらにおさえよう！

- □瀬戸内工業地域は，〔化学〕工業の割合が大きい。

- **でる!** □倉敷市の〔水島〕地区には，瀬戸内工業地域最大のコンビナートが発達している。

- □倉敷市や福山市では〔鉄鋼〕業がさかん。

- □広島市は，第二次世界大戦末期に〔原子爆弾〕を投下され，大きな被害を受けた。

- □広島市は，とくに〔自動車〕工業が発達している。

- □山陽小野田市・〔宇部〕市でさかんなセメント工業は，秋吉台付近でとれる石灰石が原料である。

- □愛媛県今治市では古くからせんい工業がさかんで，現在は品質の高い〔タオル〕の生産で知られる。

- **でる!** □本州四国連絡橋の1つである瀬戸大橋は，〔岡山〕県の児島と〔香川〕県の坂出を結んでいる。

- **でる!** □本州四国連絡橋のうち，広島県〔尾道〕市と愛媛県今治市を結ぶルートは，〔(瀬戸内)しまなみ海道〕とよばれている。

9 近畿地方の自然

でる順 1位 都道府県・地方の特色

でる度 ♛♛♛

✓ でるポイントをまるごとチェック

☐＝ラムサール条約のおもな登録地

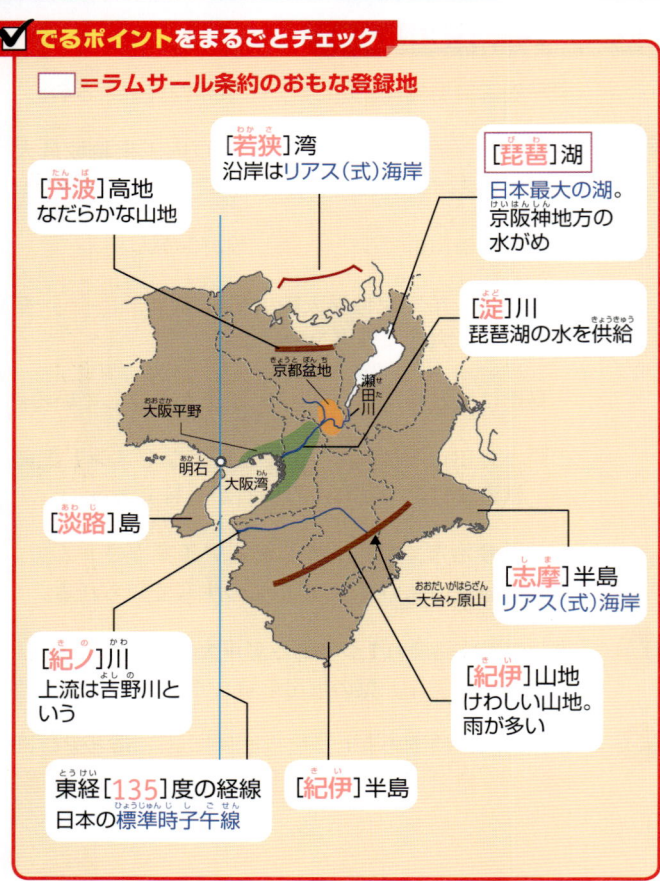

- [若狭]湾　沿岸はリアス(式)海岸
- [琵琶]湖　日本最大の湖。京阪神地方の水がめ
- [丹波]高地　なだらかな山地
- [淀]川　琵琶湖の水を供給
- 京都盆地
- 瀬戸川
- 大阪平野
- 明石
- 大阪湾
- [淡路]島
- 大台ヶ原山
- [志摩]半島　リアス(式)海岸
- [紀ノ]川　上流は吉野川という
- [紀伊]山地　けわしい山地。雨が多い
- 東経[135]度の経線　日本の標準時子午線
- [紀伊]半島

▶24

入試のツボ
北部に日本最大の湖,琵琶湖,南部に紀伊山地がある！

重要ポイント攻略編

でる問題でさらにおさえよう！

□ 兵庫県〔明石〕市には,日本の標準時子午線である東経〔135〕度の経線が通過している。

でる! □〔琵琶〕湖は日本最大の湖。〔滋賀〕県の面積の約6分の1をしめる。

□ 琵琶湖から流れ出る〔瀬田〕川は,宇治川・淀川となって,〔大阪〕湾に注いでいる。

でる! □ 若狭湾岸や志摩半島には,入り江と岬が入り組んだ〔リアス（式）〕海岸が見られる。

□ 京都盆地の北には,なだらかな〔丹波〕高地が東西にのびている。

でる! □〔紀伊〕山地の大台ヶ原山周辺は,日本で最も〔雨〕の多い地域の1つである。

□〔淡路〕島の北部は,阪神・淡路大震災の原因となった地震の震源地である。

知ットク 阪神・淡路大震災は1995年1月17日に発生した兵庫県南部地震にともなう震災。

でる順 ① 位 都道府県・地方の特色

10 近畿地方の農林水産業 でる度 ♛♛

✓ でるポイントをまるごとチェック

琵琶湖
[赤潮]やアオコの発生で漁業に被害

[丹波]高地
古くから牧牛が行われてきた

近江盆地
[稲]作が中心

[松阪]市
肉牛の飼育

[淡路]島
たまねぎなど,近郊農業がさかん

志摩半島
英虞湾・五ヶ所湾で[真珠]の養殖

紀ノ川・有田川流域
[みかん]の全国有数の産地

紀伊山地
林業がさかん。
[吉野すぎ]・[尾鷲ひのき]の美林で名高い

入試のツボ

紀伊山地の林業、和歌山県のみかん。ここをおさえよう！

重要ポイント攻略編

でる問題でさらにおさえよう！

- □ 京阪神地方の大都市周辺や淡路島では、都市向けに野菜などを生産する〔**近郊**〕農業がさかんである。

- **でる!** □ 紀伊山地は林業がさかんで、会社や個人が所有する〔**私有**〕林が多い。
  - **知ットク** 国や都道府県・市町村が所有する森林は公有林。東北地方などでは公有林の割合が高い。

- □ 吉野地方の〔**すぎ**〕は良質な木材として有名である。
  - **ミス注意** 尾鷲ひのき、天竜すぎ（静岡県）と合わせて、人工の三大美林という。

- □ 志摩半島は、出入りの多い〔**リアス（式）**〕海岸で、真珠の養殖がさかんである。
  - **Pポイント** 波が静かな入り江なので、養殖漁業に適している。

- **でる!** □〔**和歌山**〕県は、紀ノ川・有田川流域で栽培されるみかんの生産高が全国有数である。
  - **Pポイント** みかんだけでなく、かき、うめの生産量も日本一（2012年）である。

- □ 三重県の〔**松阪**〕市は肉牛の飼育がさかんである。

- □ 琵琶湖は、水のよごれのため、〔**赤潮**〕やアオコが発生して、問題になっている。

でる順 ① 位 都道府県・地方の特色

11 近畿地方の工業

でる度 ♛♛♛

✔ でるポイントをまるごとチェック

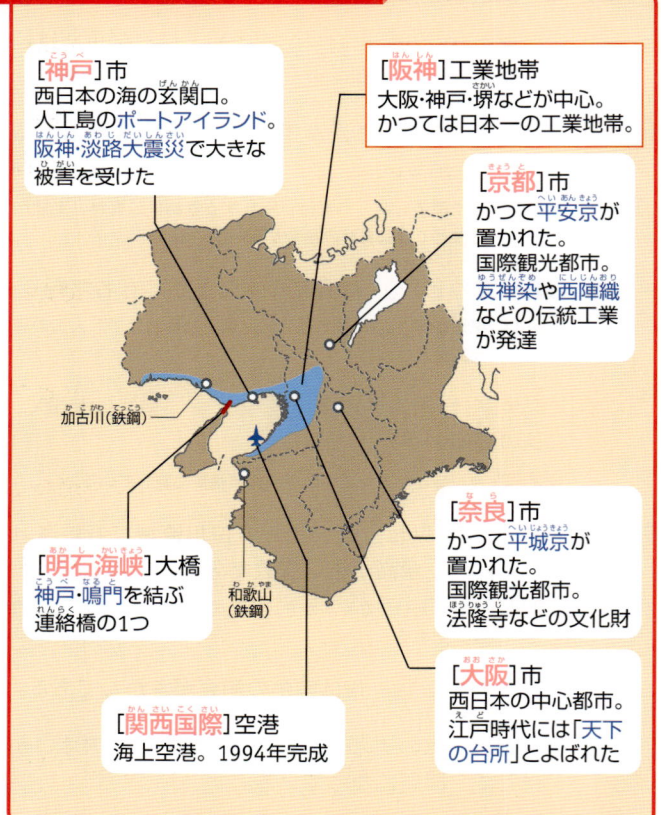

[神戸]市
西日本の海の玄関口。
人工島のポートアイランド。
阪神・淡路大震災で大きな被害を受けた

[阪神]工業地帯
大阪・神戸・堺などが中心。
かつては日本一の工業地帯。

[京都]市
かつて平安京が置かれた。
国際観光都市。
友禅染や西陣織などの伝統工業が発達

加古川(鉄鋼)

[奈良]市
かつて平城京が置かれた。
国際観光都市。
法隆寺などの文化財

[明石海峡]大橋
神戸・鳴門を結ぶ連絡橋の1つ

和歌山(鉄鋼)

[大阪]市
西日本の中心都市。
江戸時代には「天下の台所」とよばれた

[関西国際]空港
海上空港。1994年完成

入試のツボ 大阪は早くから商業が発達。神戸は貿易港としても有名！

重要ポイント攻略編

でる問題でさらにおさえよう！

□〔阪神〕工業地帯は，第二次世界大戦前は全国一の工業地帯であった。

Pポイント 現在も中京工業地帯に次いで出荷額が多い（2012年）。

でる！ □大阪は，江戸時代は〔天下の台所〕とよばれ，商業都市として発展した。

知ットク 東京・名古屋のように都市圏を形成している。

□神戸市は，1995年の〔阪神・淡路〕大震災で大きな被害を受けた。

でる！ □神戸港には人工島の〔ポートアイランド〕と六甲アイランドがある。

□京都市では，〔友禅〕染，〔西陣〕織，清水焼などの伝統工業が発達している。

知ットク 京都市は都市化・工業化が進み，ゲーム機や通信機器などで世界に名の知れた京都生まれの会社も多い。

□かつて都の〔平城京〕が置かれた奈良市には寺社など文化財が多く，国際観光都市になっている。

知ットク 京都には平安京が置かれた。

でる！ □〔関西国際〕空港は人工島につくられた海上空港で，24時間離着陸ができる。

でる順 1位 都道府県・地方の特色

12 中部地方の自然

でる度 ♛♛♛

✓ でるポイントをまるごとチェック

□ =ラムサール条約のおもな登録地

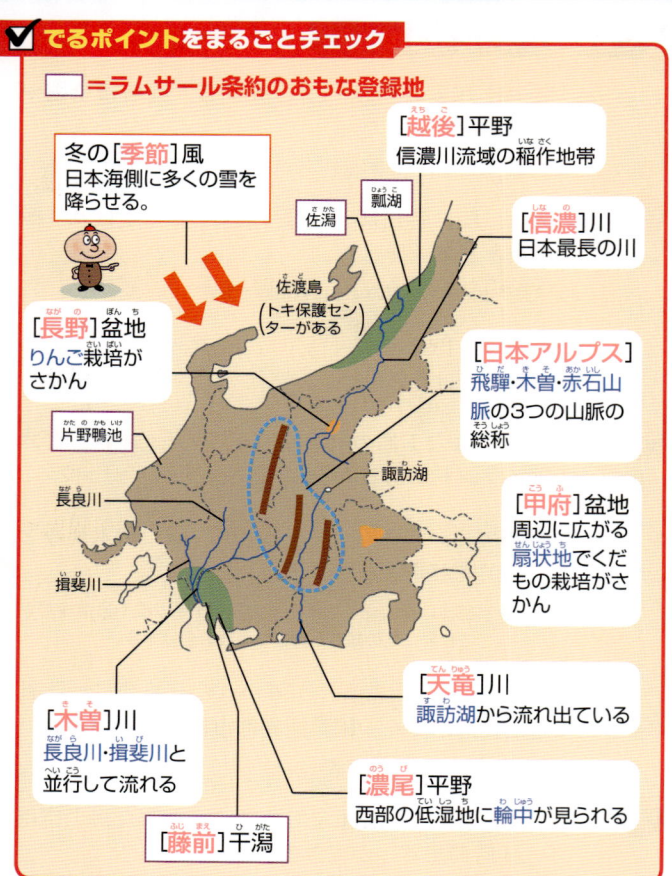

- 冬の[季節]風 日本海側に多くの雪を降らせる。
- [越後]平野 信濃川流域の稲作地帯
- 佐潟
- 瓢湖
- [信濃]川 日本最長の川
- 佐渡島（トキ保護センターがある）
- [長野]盆地 りんご栽培がさかん
- 片野鴨池
- [日本アルプス] 飛騨・木曽・赤石山脈の3つの山脈の総称
- 長良川
- 諏訪湖
- [甲府]盆地 周辺に広がる扇状地でくだもの栽培がさかん
- 揖斐川
- [天竜]川 諏訪湖から流れ出ている
- [木曽]川 長良川・揖斐川と並行して流れる
- [濃尾]平野 西部の低湿地に輪中が見られる
- [藤前]干潟

入試のツボ
北陸に広い平野があり、中央高地は「日本の屋根」とよばれる！

重要ポイント攻略編

でる問題でさらにおさえよう！

- 〔**北陸**〕地方は、冬の**北西の季節風**の影響で雪が多い。

- **でる!** 中央高地に北からならぶ〔**飛驒**〕山脈、木曽山脈、〔**赤石**〕山脈は、**日本アルプス**とよばれる。

- 越後平野を流れる〔**信濃**〕川は日本最長の川で、長野県では**千曲川**とよばれる。

- 新潟県の〔**佐渡**〕島には、日本では野生種が絶滅したトキの保護センターがある。

- 長野県の〔**長野**〕盆地では、**りんご**の栽培がさかん。

- **でる!** 木曽川・長良川・揖斐川下流域には、周囲を堤防で囲んだ〔**輪中**〕という集落が見られる。

- **甲府盆地**の周辺には、山地から流れ出た川が土砂を積もらせてできた〔**扇状地**〕が広がっている。

- **天竜川**は〔**諏訪**〕湖から流れ出ている。

- **岐阜県**の南西部から**愛知県**の西部にかけての地域には〔**濃尾**〕平野が広がる。

でる順 1位 都道府県・地方の特色

13 中部地方の農林水産業 でる度 ★★★

✓ でるポイントをまるごとチェック

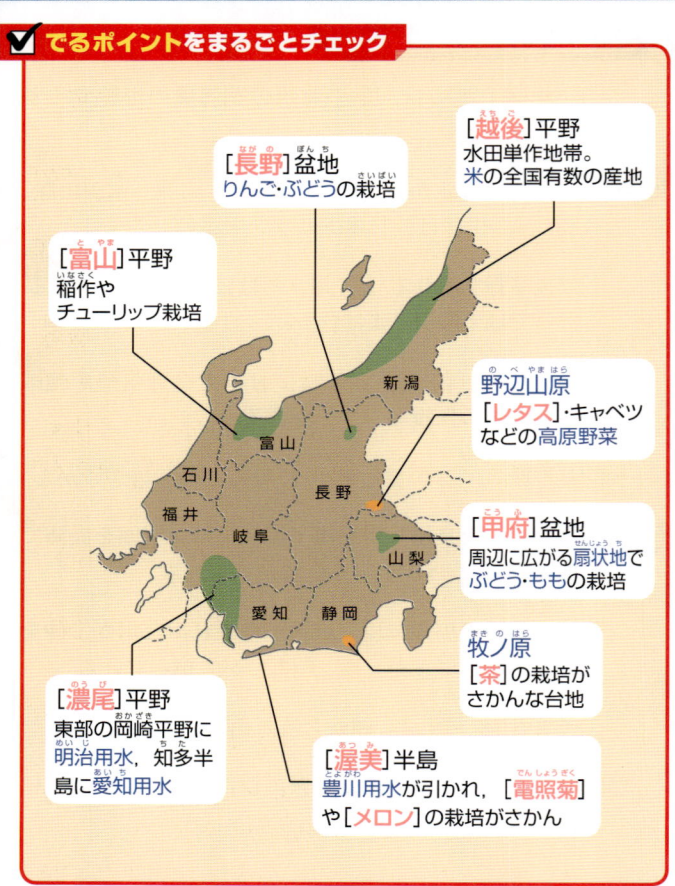

入試のツボ
北陸で稲作，中央高地の盆地で果樹栽培がさかん！

重要ポイント攻略編

でる問題でさらにおさえよう！

□ 信濃川が流れる〔新潟〕県は，稲作がさかんで，全国有数の米の生産量がある。

Pポイント 越後平野から魚沼地方にかけての地域は，コシヒカリの名産地。

□〔長野〕県は，りんごの生産高が全国第〔2〕位で，ぶどうの生産もさかんである。（2012年）

でる! □〔山梨〕県は，水はけのよい〔扇状地〕で栽培されるぶどう・〔もも〕の生産高が日本一である。（2012年）

でる! □〔八ヶ岳〕山ろくの野辺山原では，夏でもすずしい気候を生かして〔高原〕野菜の栽培がさかんである。

□ 静岡県では，牧ノ原を中心に栽培される〔茶〕の生産高が日本一である。（2013年）

Pポイント 静岡県には水はけのよい台地が多く，栽培環境が適している。

□〔豊川〕用水が引かれている渥美半島では，電照菊やメロンなどの栽培がさかんである。

□ 長野県・岐阜県にまたがる木曽地方は林業がさかん。〔木曽ひのき〕は天然の美林として名高い。

ミス注意 青森ひば，秋田すぎとともに天然の三大美林として有名。

14 中部地方の工業

でる順 1位 都道府県・地方の特色

でる度 ★★★

✓ でるポイントをまるごとチェック

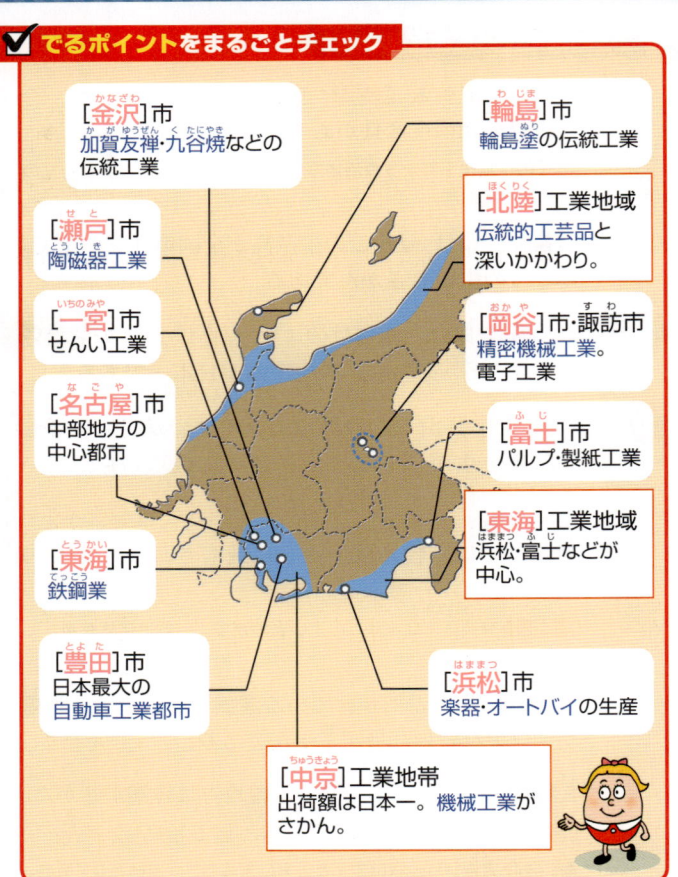

[金沢]市
加賀友禅・九谷焼などの伝統工業

[瀬戸]市
陶磁器工業

[一宮]市
せんい工業

[名古屋]市
中部地方の中心都市

[東海]市
鉄鋼業

[豊田]市
日本最大の自動車工業都市

[輪島]市
輪島塗の伝統工業

[北陸]工業地域
伝統的工芸品と深いかかわり。

[岡谷]市・諏訪市
精密機械工業。電子工業

[富士]市
パルプ・製紙工業

[東海]工業地域
浜松・富士などが中心。

[浜松]市
楽器・オートバイの生産

[中京]工業地帯
出荷額は日本一。機械工業がさかん。

入試のツボ
中京工業地帯の豊田で自動車工業，北陸で伝統工業がさかん！

重要ポイント攻略編

でる問題でさらにおさえよう！

□ 中部地方の中心都市は〔名古屋〕市である。

> **ポイント** 人口は約225万人で，日本の都市の中では4番目に多い。

でる! □ 中京工業地帯の産業別出荷額割合は，自動車などの〔機械〕工業の割合がとくに大きい。

> **ポイント** 中京工業地帯の中心である愛知県は，輸送用機械の出荷額が全国の約40％をしめる（2012年）。

□ 一宮市や尾西市では〔せんい〕工業，〔瀬戸〕市や多治見市では陶磁器工業がさかんである。

でる! □〔豊田〕市は日本最大の自動車工業都市で，自動車会社の名前が市名になっている。

□ 伊勢湾に面した東海市では，〔鉄鋼〕業がさかんである。

でる! □ 静岡県の太平洋岸に発達した〔東海〕工業地域の〔浜松〕市では，楽器やオートバイの生産がさかんである。

□ 中央高地の〔諏訪〕盆地では，時計やカメラなどの精密機械工業が発達している。

□ 冬，〔雪〕にとざされる〔北陸〕地方では，金沢や輪島などに伝統工業が発達している。

でる順 ① 位 都道府県・地方の特色

15 関東地方の自然

でる度 ♛♛

✓ でるポイントをまるごとチェック

□ = ラムサール条約のおもな登録地

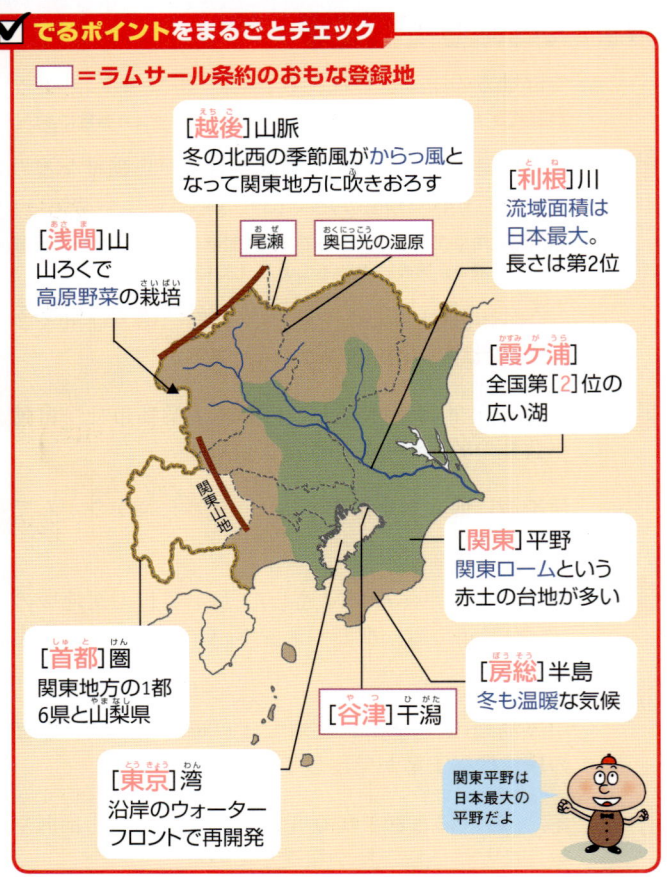

[越後]山脈
冬の北西の季節風がからっ風となって関東地方に吹きおろす

[利根]川
流域面積は日本最大。長さは第2位

[浅間]山
山ろくで高原野菜の栽培

尾瀬

奥日光の湿原

[霞ケ浦]
全国第[2]位の広い湖

関東山地

[関東]平野
関東ロームという赤土の台地が多い

[首都]圏
関東地方の1都6県と山梨県

[房総]半島
冬も温暖な気候

[谷津]干潟

[東京]湾
沿岸のウォーターフロントで再開発

関東平野は日本最大の平野だよ

▶36

入試のツボ
関東平野の西から東へ、利根川が流れる！

重要ポイント攻略編

でる問題でさらにおさえよう！

でる! □関東地方の北西部では、冬は、〔からっ風〕とよばれる北西の季節風が強く吹く。

> **知ットク** 家ごとに屋敷森という防風林がつくられている。

□太平洋岸では、暖流の〔黒潮(日本海流)〕の影響で、冬でも比較的温暖な気候である。

でる! □関東平野は、〔関東ローム〕とよばれる火山灰土におおわれた台地が多い。

> **知ットク** 関東平野は、日本最大の平野。

□琵琶湖に次いで日本で2番目に面積が広い湖は、茨城県の〔霞ケ浦〕である。

□首都圏とは、関東地方の1都6県に〔山梨〕県を加えた地域である。

□〔利根〕川は、上流に多くのダムがあり、「首都圏の水がめ」の役割をもっている。

□利根川は、下流は〔千葉〕県と〔茨城〕県の境を流れ、太平洋に注いでいる。

> **知ットク** かつては東京湾へ注いでいたが、江戸時代に治水事業が行われ、現在の流路となっている。

16 関東地方の農林水産業

でる順 1 位　都道府県・地方の特色

でる度 ♛♛♛

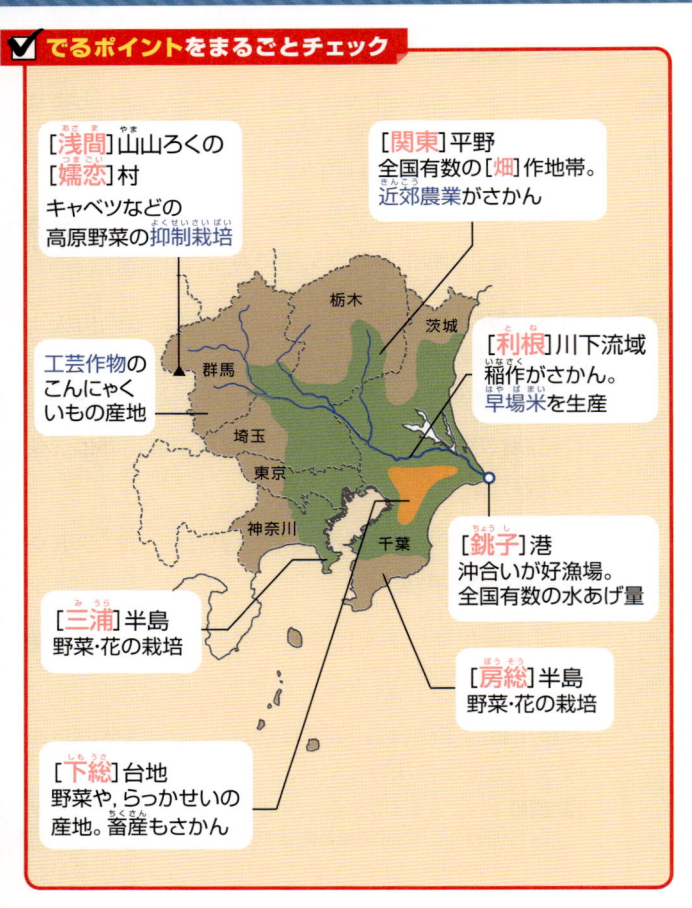

✓ でるポイントをまるごとチェック

- [浅間]山山ろくの[嬬恋]村
  キャベツなどの高原野菜の抑制栽培

- [関東]平野
  全国有数の[畑]作地帯。近郊農業がさかん

- 工芸作物のこんにゃくいもの産地

- [利根]川下流域
  稲作がさかん。早場米を生産

- [銚子]港
  沖合いが好漁場。全国有数の水あげ量

- [三浦]半島
  野菜・花の栽培

- [房総]半島
  野菜・花の栽培

- [下総]台地
  野菜や、らっかせいの産地。畜産もさかん

入試のツボ

関東平野では畑作，近郊農業がさかん！
茨城県の米の生産量は全国有数！

重要ポイント攻略編

でる問題でさらにおさえよう！

でる!
- □大都市の近くで，消費地に近い利点を生かして野菜や花などを生産する農業を〔**近郊農業**〕という。
  - **Pポイント** 新鮮なうちに市場に届けることができる，輸送費が安いなどの利点がある。
- □群馬県では，〔**工芸**〕作物であるこんにゃくいもの生産がさかんである。
  - **Pポイント** 工業製品の原料となる農作物のこと。
- □利根川の下流域では，他の産地よりも早く，おもに9月に出荷する〔**早場米**〕の生産がさかんである。
- □千葉県は，くだものの〔**日本なし**〕の生産量が全国一である（2012年）。
- □関東地方で最も農業産出額が多い県は〔**茨城**〕県である（2012年）。
  - **Pポイント** ピーマンやはくさい，レタスなどの生産が日本有数。

でる!
- □浅間山山ろくの嬬恋村では，夏のすずしい気候を生かしたキャベツなどの〔**抑制**〕栽培がさかんである。
- □〔**黒潮〔日本海流〕**〕と〔**親潮〔千島海流〕**〕が出合う潮目である銚子沖は，好漁場となっている。
- □気候が温暖な千葉県の房総半島や神奈川県の〔**三浦**〕半島では，野菜や花の栽培がさかんである。

でる順 ①位 都道府県・地方の特色

17 関東地方の工業

でる度 ♛♛

✓ でるポイントをまるごとチェック

[筑波]研究学園都市
研究機関が多い

[京浜]工業地帯
東京都・神奈川県。
機械工業や印刷業が
さかん。

[鹿島]臨海工業地域
砂丘地帯に人工の
ほりこみ港を建設。

[成田]国際空港
貿易額は日本一。
IC〔集積回路〕の
輸出入が多い

[東京]
首都。日本の政治・
経済・文化の中心

[京葉]工業地域
東京湾岸の千葉県側。
石油化学工業や鉄鋼業
が発達

[横浜]市
人口は全国[2位]。
国際貿易都市

[川崎]市
京浜工業地帯の中心地の1つ

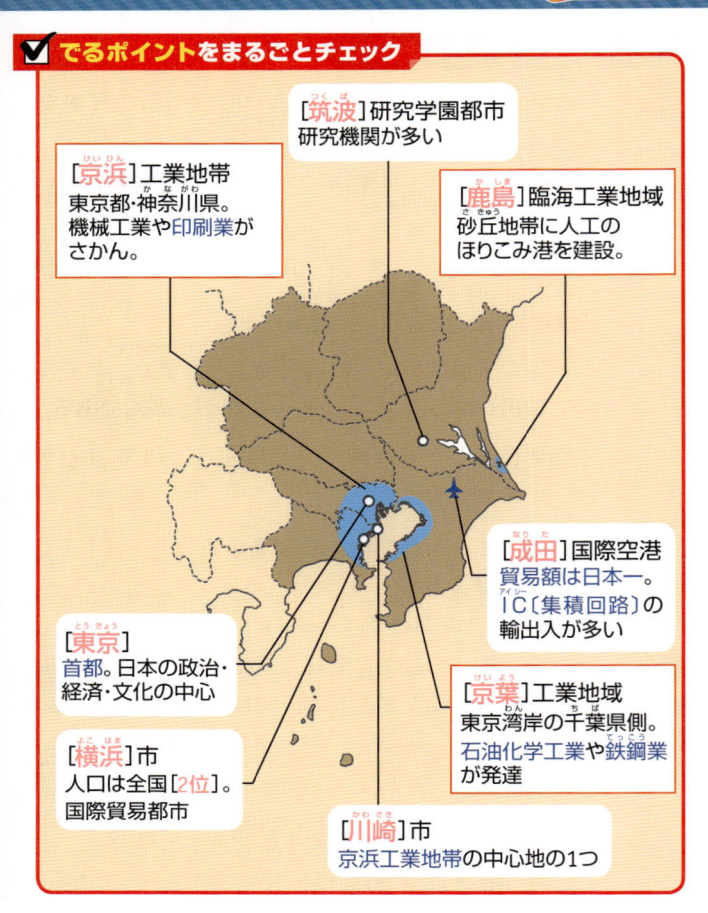

▶40

入試のツボ 京浜工業地帯は機械工業のほか、印刷業が発達！

重要ポイント攻略編

でる問題でさらにおさえよう！

□ 東京は、政治や経済の中心機能が置かれた日本の〔首都〕である。

でる! □ 東京の霞が関・丸の内・永田町周辺を〔都心〕といい、新宿・渋谷・池袋などを〔副都心〕という。
> **知ットク** 東京は、近県から通勤・通学をする人が多く、昼間人口が夜間人口を上回っている。

でる! □ 京浜工業地帯は、〔機械〕工業の割合が高い。

□ 京葉工業地域は〔石油化学〕工業や鉄鋼業が発達している。

でる! □ 東京は、情報の中心地で新聞社や出版社が多く、〔印刷〕業がとくに発達している。

□ 成田国際空港では、〔IC〔集積回路〕〕の輸出入が多い。

でる! □ 人口が日本第2位の〔横浜〕市は、国際貿易都市である。

□ 茨城県つくば市には、大学や多くの研究機関が集まった〔筑波研究学園都市〕がある。
> **知ットク** 東京の過密状態を解消するために、東京から大学や研究機関が移転してつくられた。

41 ◀

でる順 1位 都道府県・地方の特色

18 東北地方の自然

でる度 ★★

✓ でるポイントをまるごとチェック

☐ =ラムサール条約のおもな登録地

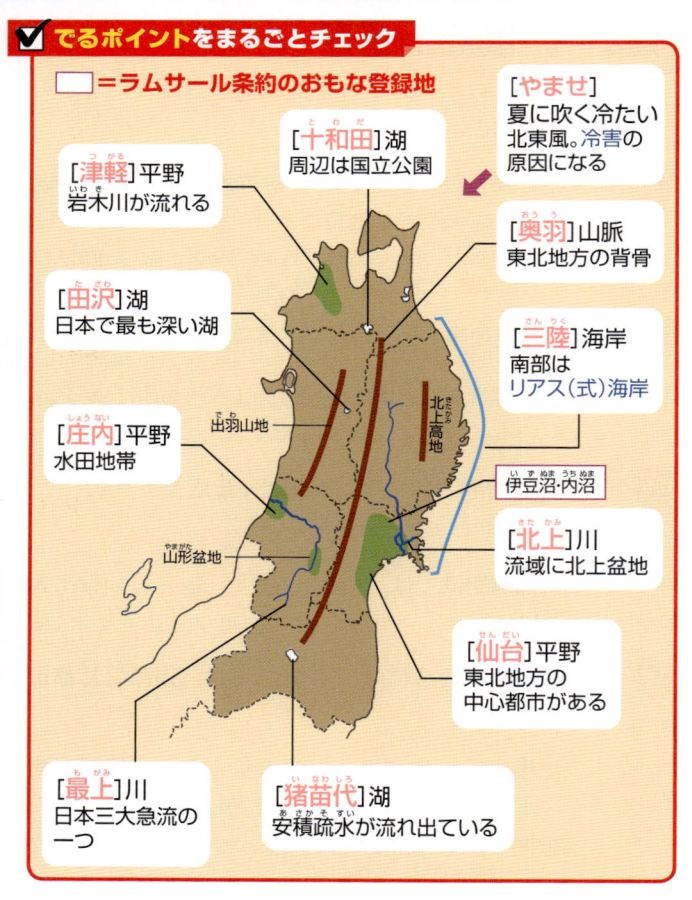

- [十和田]湖 周辺は国立公園
- [やませ] 夏に吹く冷たい北東風。冷害の原因になる
- [津軽]平野 岩木川が流れる
- [奥羽]山脈 東北地方の背骨
- [田沢]湖 日本で最も深い湖
- [三陸]海岸 南部はリアス(式)海岸
- 出羽山地
- 北上高地
- [庄内]平野 水田地帯
- 伊豆沼・内沼
- 山形盆地
- [北上]川 流域に北上盆地
- [仙台]平野 東北地方の中心都市がある
- [最上]川 日本三大急流の一つ
- [猪苗代]湖 安積疏水が流れ出ている

入試のツボ 中央に奥羽山脈があり，太平洋側の三陸海岸は，リアス（式）海岸が発達！

重要ポイント攻略編

でる問題でさらにおさえよう！

□ 東北地方の〔太平洋〕側では，夏，北東風の〔やませ〕の影響で冷害にみまわれることがある。

□ 東北地方の日本海側では，〔北西〕の季節風の影響で，冬の積雪が多い。

でる！ □ 三陸海岸の南部には，入り江と岬が入り組んだ〔リアス（式）〕海岸が発達している。

> **Pポイント** 良港が発達しているが，しばしば津波による被害を受ける。

□ 最上川流域には，米沢盆地や〔山形〕盆地，新庄盆地，〔庄内〕平野が開けている。

でる！ □ 奥羽山脈の西には〔出羽〕山地，東には〔北上〕高地がある。

□ 青森県と秋田県の境にある十和田湖や秋田県の〔田沢〕湖は，火山活動にともなって形成されたカルデラ湖である。

> **知ットク** カルデラ湖は，火山の噴火でおちくぼんだところに水がたまってできた湖。

□ 2011年〔3〕月〔11〕日に発生した巨大地震にともなう〔東日本大震災〕で，東北地方の太平洋岸を中心に，大きな被害が出た。

でる順 1位 都道府県・地方の特色

19 東北地方の農林水産業

でる度 ♛♛♛

✓ でるポイントをまるごとチェック

- 陸奥湾
  [ほたて貝]の養殖
- 津軽平野
  [りんご]の日本一の産地
- [八戸]港
  東北地方で有数の水あげ量が多い港
- 八郎潟
  [干拓]によって耕地ができた
- [北上]高地
  酪農がさかん
- 秋田平野(稲作)
- [庄内]平野
  全国有数の米どころ
- [三陸]海岸の南部
  リアス(式)海岸。
  [わかめ]やかきの養殖
- 仙台平野(稲作)
- 山形盆地
  [おうとう(さくらんぼ)]の日本一の産地
- 福島盆地
  [もも]・りんごの栽培

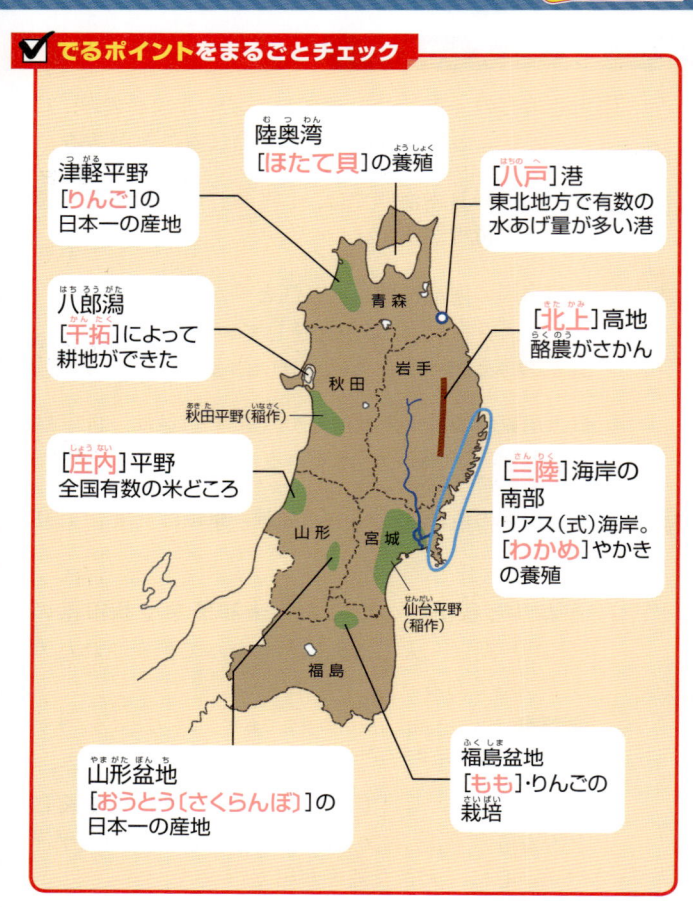

入試のツボ

庄内平野・秋田平野の稲作，津軽平野のりんごをおさえておこう！

重要ポイント攻略編

でる問題でさらにおさえよう！

でる! □東北地方は，全国の米の約〔**4**〕分の1を生産している穀倉地帯である。

> **知ットク** 秋田県の大潟村，山形県の庄内平野，宮城県の仙台平野などで生産がさかん。

□東北地方には，水田で1年に1回，米だけをつくる〔**水田単作**〕地帯が広がる。

でる! □〔**青森**〕県は，〔**津軽**〕平野を中心にりんごの栽培がさかんである。

でる! □〔**山形**〕県は，おうとう〔**さくらんぼ**〕の生産高が日本一である（2012年）。

> **知ットク** 西洋なしの生産高も日本一（2012年）。

□〔**三陸**〕海岸の沖合いは，黒潮と親潮が出合い，暖流と寒流の魚がとれるよい漁場になっている。

□三陸海岸の〔**リアス（式）**〕海岸では，波が静かな入り江を利用した，わかめやかき，ほたて貝，こんぶなどの〔**養殖**〕がさかん。

□津軽・下北半島の〔**青森ひば**〕，米代川流域の〔**秋田すぎ**〕は良質の木材として名高い。

でる順 1位 都道府県・地方の特色

20 東北地方の工業

でる度 ★★

✓ でるポイントをまるごとチェック

[弘前]市
[津軽]塗の伝統工業

青森市

[東北]自動車道
沿線に工場が進出

[盛岡]市
南部鉄器の
伝統工業

[会津若松]市
会津塗の伝統工業

[仙台]市
東北地方の政治・
経済・文化の
中心都市

[いわき]市
東北地方一の工業生産額

東北地方は南北に新幹線と高速道路が通っているよ。

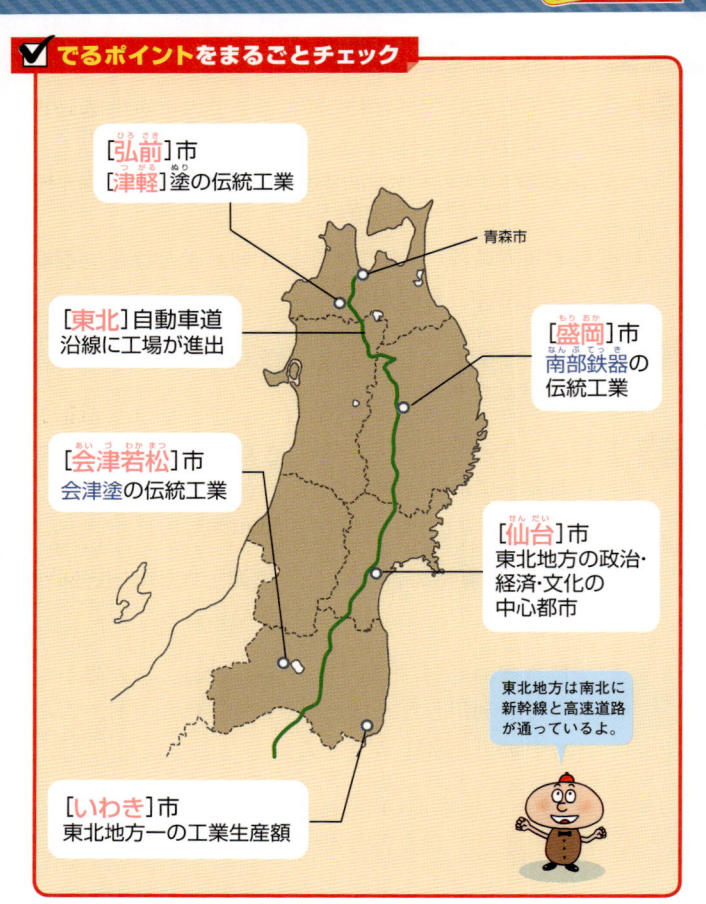

入試の**ツボ** 東北地方の最大の都市は仙台。各地の伝統工業もおさえておこう！

重要ポイント攻略編

でる問題でさらにおさえよう！

でる! □空港や高速自動車道の近くには、製品の輸送に便利なため〔ＩＣ〔集積回路〕〕工場が多い。

> **知ッとク** この工場が集まる東北自動車道沿いは、「シリコンロード」とよばれる。

でる! □仙台市は江戸時代、〔城下〕町として発展した都市で、東北地方で唯一の〔政令〕指定都市である。

> **知ッとク** 仙台市は人口104万人(2013年)で、東北地方の中心都市である。大名の伊達氏の城下町から発展した。

□〔東北〕新幹線は、新青森駅（青森市）と東京駅を結んでいる。

> **知ッとク** 山形新幹線、秋田新幹線が分かれてのびている。

□東北地方では、地元の材料や伝統的な技術を生かし、冬の農家の副業として〔伝統工業〕が発達してきた。

でる! □盛岡市には、〔南部鉄器〕の伝統工業が発達している。

□弘前市や会津若松市などでは、〔漆器〕の伝統工業がさかんである。

でる順 1位 都道府県・地方の特色

21 北海道地方の自然

でる度 ♛♛♛

✓ でるポイントをまるごとチェック

□＝ラムサール条約のおもな登録地

- [上川]盆地
  旭川市が中心都市
- [オホーツク]海
  流氷がおしよせる
- [石狩]川
  長さが日本第3位
- [知床]
  世界自然遺産
- クッチャロ湖
- 天塩山地
- 厚岸湖・別寒辺牛湿原
- 宮島沼
- 北見山地
- 国後島
- 択捉島
- [石狩]平野
  札幌市が中心地
- 色丹島
- 歯舞群島
- [北方]領土
  現在、ロシア連邦が占拠
- 霧多布湿原
- [釧路]湿原
- 夕張山地
- ウトナイ湖
- [根釧台地]
  火山灰地。
  沿岸で濃霧が発生
- [渡島]半島
- [日高]山脈
  けわしい山脈
- [阿寒]湖
  マリモで有名
- [十勝]平野
  火山灰地

北海道は、梅雨の影響が少ないよ。

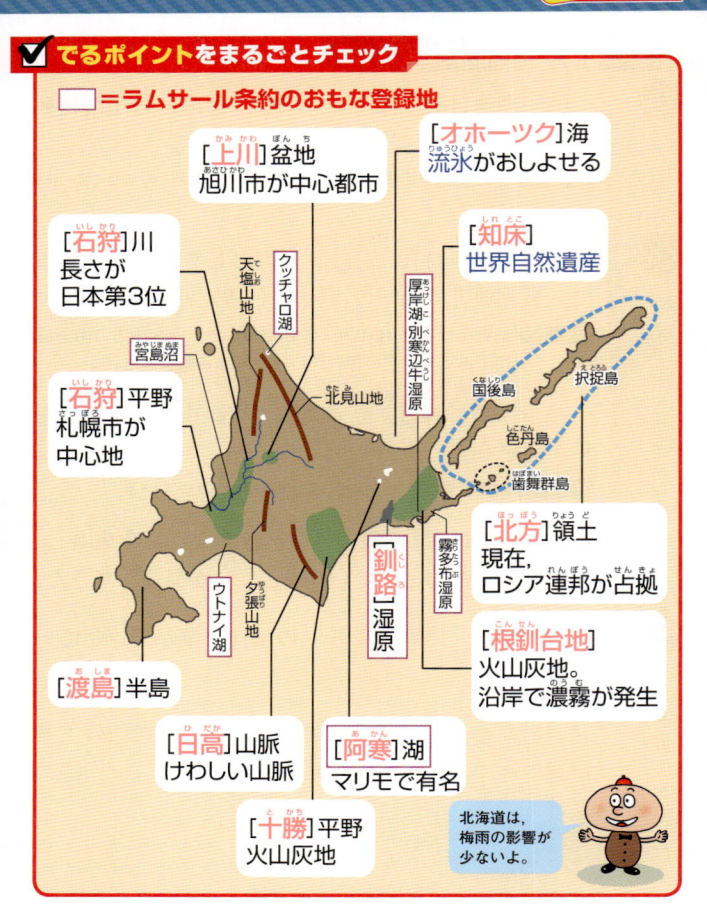

入試のツボ
日本海側に石狩平野，太平洋側に十勝平野・根釧台地がある！

重要ポイント攻略編

でる問題でさらにおさえよう！

でる! □北海道の気候は，冬の寒さがきびしい〔冷帯〕〔亜寒帯〕の気候である。

Pポイント 北海道は梅雨の影響をあまり受けない。

でる! □〔択捉〕島は，日本の最北端である。

でる! □ロシア連邦が占拠する択捉島，〔国後〕島，色丹島，歯舞群島は日本の領土で，北方領土という。

□オホーツク海沿岸には，冬，〔流氷〕がおしよせる。

□北海道の太平洋側には，寒流の〔親潮〔千島海流〕〕が流れている。

□石狩川は長さが日本第〔3〕位で，上流に〔上川〕盆地，下流域に〔石狩〕平野が開けている。

でる! □釧路湿原は，タンチョウが繁殖する水鳥の生息地として重要で，〔ラムサール〕条約に登録されている。

でる! □知床は，海と陸の貴重な動植物の生息地となっており，ユネスコの〔世界自然遺産〕に登録されている。

でる! □北海道には，古くから先住民族である〔アイヌ〕の人々がくらしてきた。

でる順 1位 都道府県・地方の特色

22 北海道地方の農林水産業 でる度 ★★

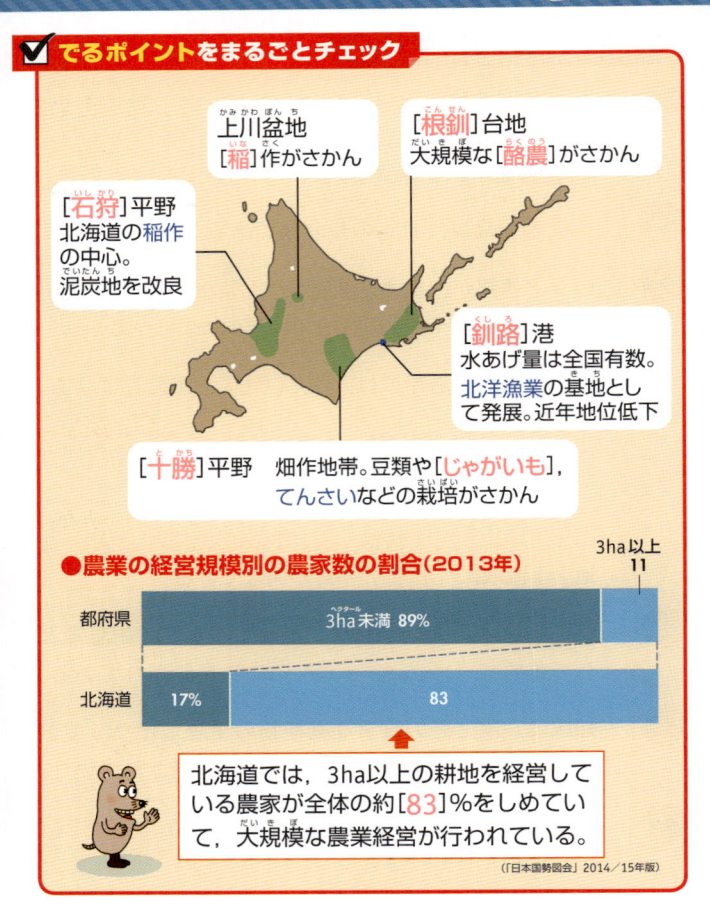

✓ でるポイントをまるごとチェック

上川盆地
[稲]作がさかん

[根釧]台地
大規模な[酪農]がさかん

[石狩]平野
北海道の稲作
の中心。
泥炭地を改良

[釧路]港
水あげ量は全国有数。
北洋漁業の基地とし
て発展。近年地位低下

[十勝]平野　畑作地帯。豆類や[じゃがいも]，
てんさいなどの栽培がさかん

● 農業の経営規模別の農家数の割合(2013年)

		3ha以上
都府県	3ha未満 89%	11
北海道	17%	83

北海道では，3ha以上の耕地を経営して
いる農家が全体の約[83]％をしめてい
て，大規模な農業経営が行われている。

(「日本国勢図会」2014／15年版)

入試のツボ

十勝平野で畑作，根釧台地で酪農がさかん！　米の生産量は全国有数！

重要ポイント攻略編

でる問題でさらにおさえよう！

□〔**石狩**〕平野では，〔**泥炭**〕地という低湿な土地を改良して，稲作がさかんになった。

□石狩川上流の**上川盆地**は，夏の気温が高く，農業では〔**稲作**〕が行われている。

でる！ □〔**十勝**〕平野は**畑作地帯**で，さとうの原料になる〔**てんさい**〕などが栽培されている。

　Pポイント この作物は，北海道で100％生産されている。

でる！ □北海道の〔**乳牛**〕の飼育頭数は日本一（2013年）で，**大規模な酪農**が行われている。

□〔**根釧**〕台地は**パイロットファーム**という実験農場や**新酪農村**が建設されて，酪農がさかんになった。

でる！ □北海道の農家1戸あたりの平均耕地面積は，他の都府県よりも〔**大き**〕い。

でる！ □全国有数の水あげ量がある**釧路港**は，**オホーツク海**や**北太平洋**を漁場とする〔**北洋漁業**〕の基地である。

　Pポイント 外国が排他的経済水域を設定したことなどの影響を受け，漁獲量が大きく減った。

でる順 1位 都道府県・地方の特色

23 北海道地方の工業

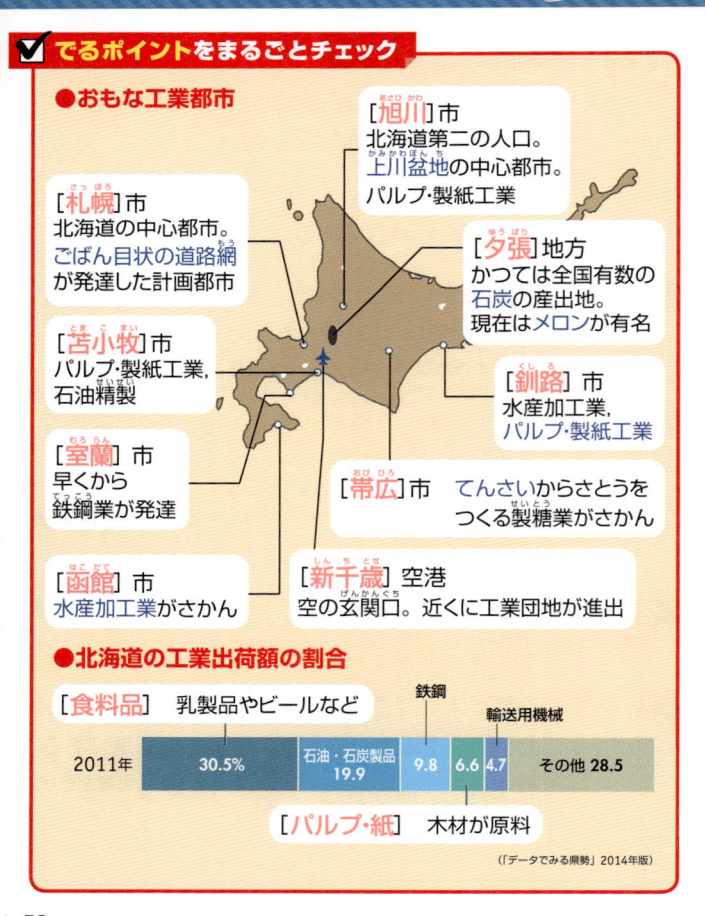

✓ でるポイントをまるごとチェック

●おもな工業都市

[旭川]市
北海道第二の人口。
上川盆地の中心都市。
パルプ・製紙工業

[札幌]市
北海道の中心都市。
ごばん目状の道路網
が発達した計画都市

[夕張]地方
かつては全国有数の
石炭の産出地。
現在はメロンが有名

[苫小牧]市
パルプ・製紙工業,
石油精製

[釧路]市
水産加工業,
パルプ・製紙工業

[室蘭]市
早くから
鉄鋼業が発達

[帯広]市　てんさいからさとうを
つくる製糖業がさかん

[函館]市
水産加工業がさかん

[新千歳]空港
空の玄関口。近くに工業団地が進出

●北海道の工業出荷額の割合

年	[食料品] 乳製品やビールなど	石油・石炭製品	鉄鋼	[パルプ・紙] 木材が原料	輸送用機械	その他
2011年	30.5%	19.9	9.8	6.6	4.7	28.5

(「データでみる県勢」2014年版)

入試のツボ

北海道では，地元の資源をいかした工業がさかん！

重要ポイント攻略編

でる問題でさらにおさえよう！

でる!
- □〔札幌〕市は，明治時代に北海道開拓の拠点として，計画的につくられた都市である。

- □苫小牧市や釧路市などで，豊富な森林資源をいかして発達した工業は〔パルプ・製紙〕工業である。

- □室蘭市では鉄鋼業，〔苫小牧〕市では石油精製などの重化学工業が発展している。

- □夕張地方は，かつては，全国有数の〔石炭〕の産出地だった。現在は特産のメロンが知られる。

- □北海道では，札幌市の〔雪〕まつりやオホーツク海沿岸の〔流氷〕まつりなどの寒冷な気候をいかした観光業もさかんである。

でる!
- □札幌市の近郊にある〔新千歳〕空港は，北海道の空の玄関口となっている。

  Pポイント 国内航空路線のうち，この空港と東京国際空港〔羽田空港〕を結ぶ路線が最も旅客数が多い。

でる順 2位 日本の国土と自然

1 平野

でる度 ★★★

✓ でるポイントをまるごとチェック

● おもな平野とさかんな農業

- [石狩]平野（稲作）
- [津軽]平野（果樹栽培）
- [庄内]平野（稲作）
- [越後]平野（稲作）
- [富山]平野（稲作）
- [岡山]平野（稲作，果樹栽培）
- [筑紫]平野（稲作）
- [十勝]平野（畑作，酪農）
- [秋田]平野（稲作）
- [仙台]平野（稲作）
- [関東]平野（近郊農業，稲作）
- [濃尾]平野（近郊農業）
- [大阪]平野（近郊農業）
- [讃岐]平野（稲作）
- [高知]平野（野菜の促成栽培）
- [宮崎]平野（野菜の促成栽培）

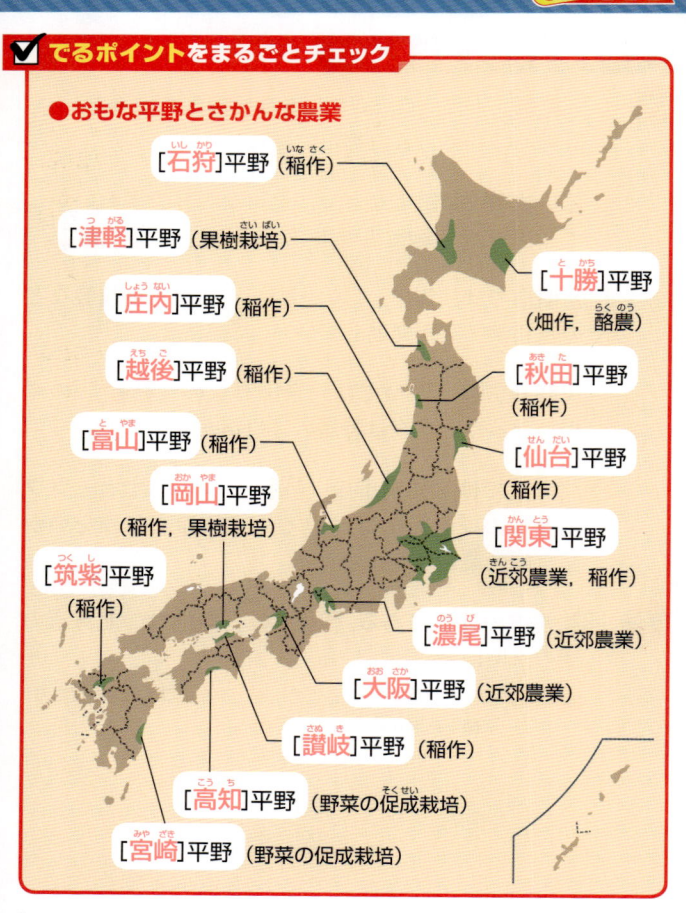

入試のツボ
畑作中心の十勝平野、果樹栽培がさかんな津軽平野などをおさえる!

重要ポイント攻略編

でる問題でさらにおさえよう!

- **でる!** □〔石狩〕平野は北海道の稲作の中心地である。
- **でる!** □十勝平野は全国有数の〔畑〕作地帯で、酪農もさかん。
- **でる!** □秋田県の秋田平野や山形県の〔庄内〕平野、宮城県の仙台平野では稲作がさかんである。
- □津軽平野や岡山平野は〔果樹〕(かじゅ)栽培がさかん。
  - **Pポイント** 津軽平野はりんご、岡山平野はもも・マスカットの生産がさかん。
- **でる!** □越後平野や富山平野は〔稲〕作が中心である。
- **でる!** □大消費地をひかえる関東平野や大阪平野では、〔近郊〕農業が発達している。
- **でる!** □高知平野や宮崎平野では、〔野菜〕の〔促成〕栽培がさかんである。
- □福岡県と佐賀県にまたがる〔筑紫〕平野は九州一の稲作地帯である。

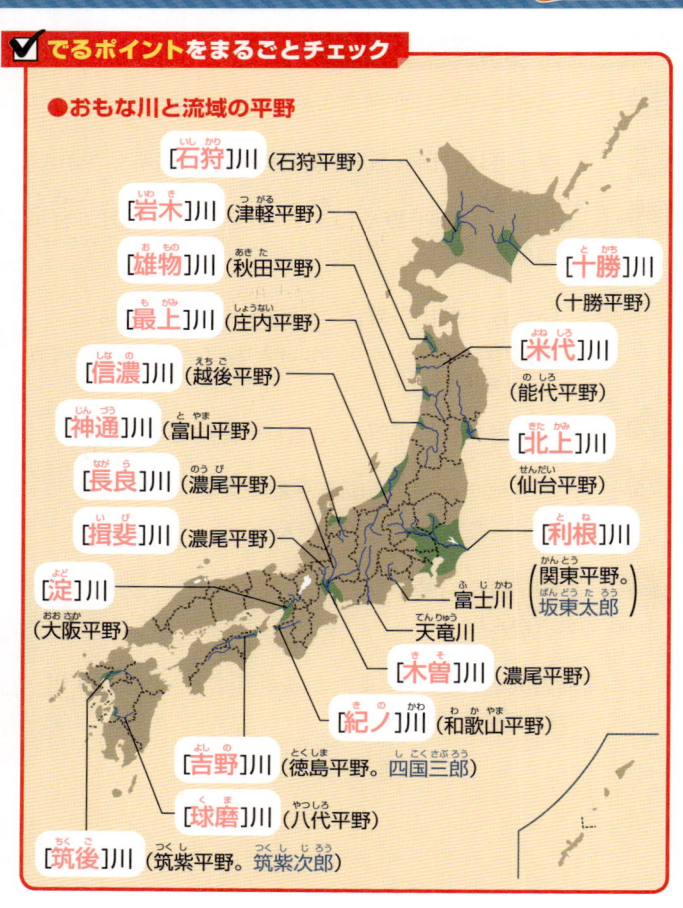

でる順 2位 日本の国土と自然

2 川

でる度 ★★★

✓ でるポイントをまるごとチェック

● おもな川と流域の平野

- [石狩]川（石狩平野）
- [岩木]川（津軽平野）
- [雄物]川（秋田平野）
- [最上]川（庄内平野）
- [信濃]川（越後平野）
- [神通]川（富山平野）
- [長良]川（濃尾平野）
- [揖斐]川（濃尾平野）
- [淀]川（大阪平野）
- [十勝]川（十勝平野）
- [米代]川（能代平野）
- [北上]川（仙台平野）
- [利根]川（関東平野。坂東太郎）
- 富士川
- 天竜川
- [木曽]川（濃尾平野）
- [紀ノ]川（和歌山平野）
- [吉野]川（徳島平野。四国三郎）
- [球磨]川（八代平野）
- [筑後]川（筑紫平野。筑紫次郎）

入試のツボ

日本一長い川は信濃川，流域面積が最大の川は利根川！

重要ポイント攻略編

でる問題でさらにおさえよう！

でる! □日本は山がちなので，川は，一般に短く，流れが〔急〕である。

でる! □川が山地から平地に出るところに土砂を積もらせてできた扇形の地形を〔扇状地〕という。

□川が海や湖に出るところに土砂を積もらせてできた三角形の地形を〔三角州〕という。

□日本一長い川は〔信濃〕川である。

□石狩川の流域面積は全国第〔2〕位で，長さは第〔3〕位である。

□〔利根〕川は，流域面積が日本一である。

□北からあげて，〔最上〕川と富士川と球磨川は，日本の三大急流に数えられている。

□濃尾平野を流れる木曽川，長良川，揖斐川は，〔木曽三川〕とよばれる。

□関東平野を流れる〔利根〕川は「坂東太郎」，筑紫平野を流れる〔筑後〕川は「筑紫次郎」，徳島平野を流れる〔吉野〕川は「四国三郎」ともよばれる。

でる順 2位 日本の国土と自然

3 湖・海・海流

でる度 ★★★

✓ でるポイントをまるごとチェック

●おもな湖・海・海流（□=海）

- [サロマ]湖（潟湖，ほたて貝）
- [オホーツク]海
- [摩周]湖（日本で最も透明度が高い）
- [阿寒]湖（マリモが生育する）
- [リマン]海流
- [親潮〔千島海流〕]
- [十和田]湖（カルデラ湖）
- [田沢]湖（日本最深）
- [猪苗代]湖（せきとめ湖）
- [日本海]
- [潮目〔潮境〕]（寒流と暖流が出合う）
- [中海]
- [対馬]海流
- [宍道湖]（しじみ）
- [中禅寺]湖
- [霞ヶ浦]（潟湖）
- [諏訪]湖（断層湖）
- [浜名]湖（うなぎ）
- [瀬戸内海]
- [東シナ]海
- [黒潮〔日本海流〕]
- [琵琶]湖（断層湖）
- [太平洋]（三大洋の1つ）
- [漫湖]

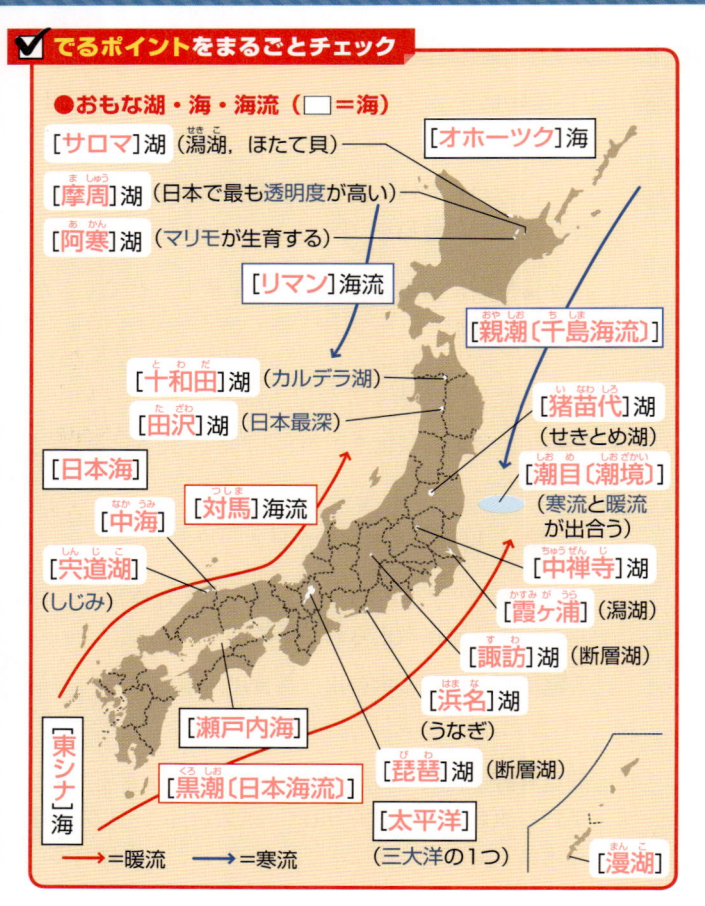

→=暖流　→=寒流

入試のツボ 日本近海では，寒流は南下，暖流は北上！

重要ポイント攻略編

でる問題でさらにおさえよう！

でる! □日本で最も広い湖は滋賀県の〔琵琶湖〕，第２位は茨城県の〔霞ヶ浦〕，第３位は北海道のサロマ湖である。

□〔カルデラ〕湖とは，火山の噴火によってできたくぼ地に水がたまってできた湖である。
Ｐポイント 洞爺湖，十和田湖，田沢湖など。

□琵琶湖のほか，宍道湖や中海，沖縄県の〔漫湖〕などは，水鳥が生息し，ラムサール条約に登録されている。
知ットク 日本の登録地は，釧路湿原（北海道）や尾瀬（福島県・群馬県・新潟県）など46か所（2014年7月現在）。

でる! □日本とユーラシア大陸との間には〔日本海〕，日本の東には三大洋の１つの〔太平洋〕が広がる。
知ットク 北東にはオホーツク海，南西には東シナ海が広がる。

□まわりの海水よりもあたたかい海流を〔暖流〕，まわりの海水よりも冷たい海流を〔寒流〕という。

でる! □日本の東側の海を南下するのは〔親潮〔千島海流〕〕，北上するのは〔黒潮〔日本海流〕〕である。

でる! □寒流と暖流が出合い，よい漁場となっている水域を，〔潮目〔潮境〕〕という。

でる順 2位 日本の国土と自然

4 気候

でる度 ★★★

✓ でるポイントをまるごとチェック

● **日本の気候区分と気候の特色**

[北海道]の気候
年平均気温 8.9℃
年降水量 1106.5mm
札幌

冬の寒さがきびしい[冷]帯〔亜寒帯〕の気候。

[日本海]側の気候
年平均気温 14.1℃
年降水量 2300.0mm
富山

[冬]の季節風（北西風）

[冬]の降水量が多い。

中央高地の気候
年平均気温 11.8℃
年降水量 1031.0mm
松本

1年を通して降水量が[少な]く、冬の寒さがきびしい。

[瀬戸内]の気候
年平均気温 16.2℃
年降水量 1105.9mm
岡山

[太平洋]側の気候
年平均気温 16.5℃
年降水量 2324.9mm
静岡

[夏]の季節風（南東風）

[夏]の降水量が多い。

1年を通して降水量が[少な]く、冬も温和。

南西諸島の気候
年平均気温 23.1℃
年降水量 2040.8mm
那覇

1年を通して気温が[高]い[亜熱]帯の気候。

(1981～2010年の平年値) (気象庁資料)

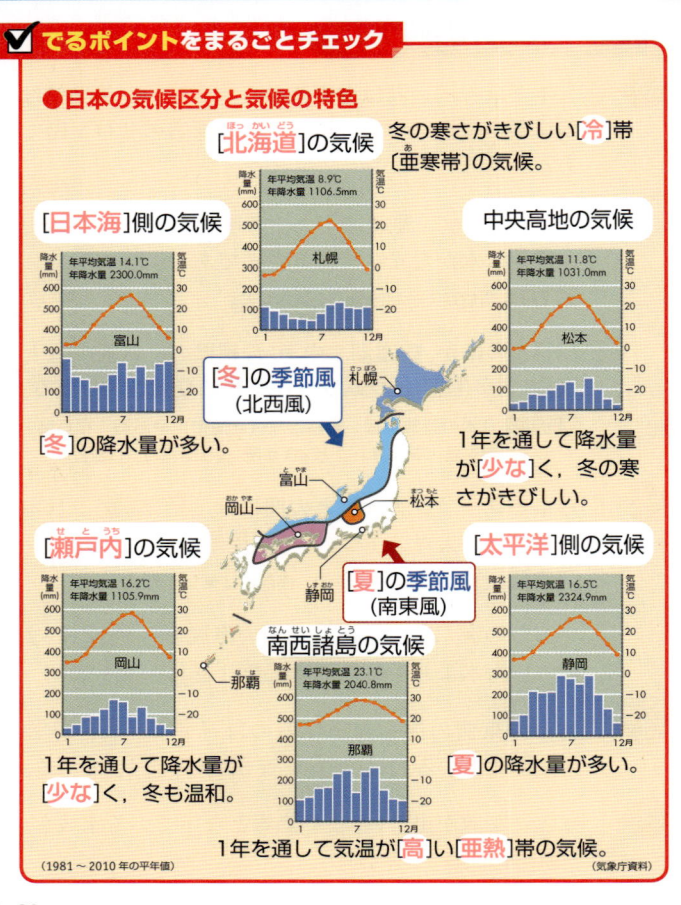

入試のツボ 季節風の影響で，日本海側は冬，雪が多く，太平洋側は夏，雨が多い！

重要ポイント攻略編

でる問題でさらにおさえよう！

でる! □夏と冬で反対の方向から吹く風を〔**季節風**〕といい，日本の気候に大きな影響を与える。

でる! □日本では，夏は南東の風が〔**太平洋**〕側に多くの〔**雨**〕を降らせ，冬は北西の風が〔**日本海**〕側に多くの〔**雪**〕を降らせる。

> **Ｐポイント** 冬の季節風は，暖流の対馬海流の上空でしめった風になり，雪を降らせる。

□北海道の気候は，冬の寒さがきびしい〔**冷帯**〕〔**亜寒帯**〕の気候である。

□南西諸島の気候は，1年じゅう気温が高く，降水量が多い〔**亜熱帯**〕の気候である。

□中央高地や瀬戸内では，季節風の影響が〔**少ない**〕ため，1年を通して降水量が〔**少ない**〕。

□6～7月にかけて，北海道を除く日本列島でみられる長雨の季節を〔**梅雨**〕という。

□南西諸島や南九州では，夏から秋にかけて，〔**台風**〕による風水害にみまわれやすい。

でる順 **2**位 日本の国土と自然

5 山地・山脈

でる度 ★★★

✓ でるポイントをまるごとチェック

● おもな山地・山脈

[北見]山地

[日本アルプス]
3つの山脈の総称。それぞれの山脈は，北から北アルプス・中央アルプス・南アルプスとよばれる。

[日高]山脈

[奥羽]山脈

[出羽]山地

[北上]高地

[越後]山脈

[阿武隈]高地

[中国]山地

[関東]山地

[筑紫]山地

[赤石]山脈

[木曽]山脈

フォッサマグナ(大地溝帯)
日本列島を東日本と西日本に分けると考えられる大きな溝。

[飛騨]山脈

[紀伊]山地

※図中の赤いラインはフォッサマグナの西のふちを表す。東側は不明。

[九州]山地　[四国]山地

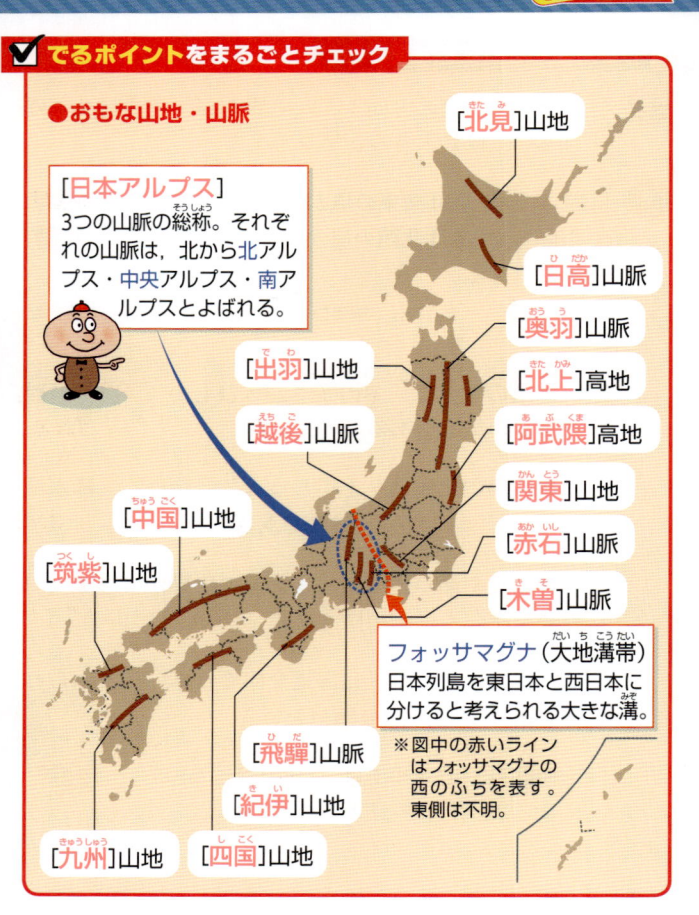

▶62

入試のツボ
中央高地の日本アルプスの山脈名をまちがえないようにしよう！

重要ポイント攻略編

でる問題でさらにおさえよう！

□ 北海道(ほっかいどう)の中央部から南半分を南北に走るけわしい山脈は，〔**日高**(ひだか)〕山脈である。

□ 東北地方を太平洋側と日本海側に分ける山脈は，〔**奥羽**(おうう)〕山脈である。

□ 東北地方の〔**北上**(きたかみ)〕高地や阿武隈(あぶくま)高地はなだらかな山地である。

でる！ □ <u>中央高地</u>の北からならぶ〔**飛騨**(ひだ)〕・〔**木曽**(きそ)〕・赤石(あかいし)山脈は，高い山々が連なり，<u>日本アルプス</u>とよばれる。

> **知ットク** 3000 m前後のけわしい山々が連なる。

□ 中国(ちゅうごく)・四国(しこく)地方の2列の山地のうち，〔**四国**〕山地のほうがけわしい山地である。

□ 九州(きゅうしゅう)には，北になだらかな〔**筑紫**(つくし)〕山地，南にけわしい〔**九州**〕山地がある。

□ 本州の中央部に走る〔**フォッサマグナ**〕というみぞ状の地形(ちけい)を境(さかい)に，山脈は，東日本では南北方向に，西日本では東西方向にのびている。

> **ポイント** 新潟県糸魚川市(にいがたけんいといがわし)と静岡県静岡市(しずおかけんしずおかし)を結んだ線がこの地形の西のふちにあたる。

でる順 2位 日本の国土と自然

6 盆地・台地

でる度 ★★

✓ でるポイントをまるごとチェック

●おもな盆地・台地（□は台地）

- [北見]盆地（たまねぎ・てんさい栽培）
- [上川]盆地（稲作）
- [山形]盆地（おうとう〔さくらんぼ〕栽培）
- [根釧]台地（火山灰地。酪農）
- [長野]盆地（りんご栽培）
- [諏訪]盆地（精密機械工業）
- [北上]盆地（稲作、りんご栽培）
- [京都]盆地（古都京都がある）
- [下総]台地（野菜・らっかせい）
- [秋吉台]（カルスト地形）
- [甲府]盆地（扇状地。ぶどう・もも栽培）
- [牧ノ原]（茶の栽培）
- [近江]盆地（稲作）
- [奈良]盆地（古都奈良がある）
- [笠野原]（シラス台地。畑作・畜産）

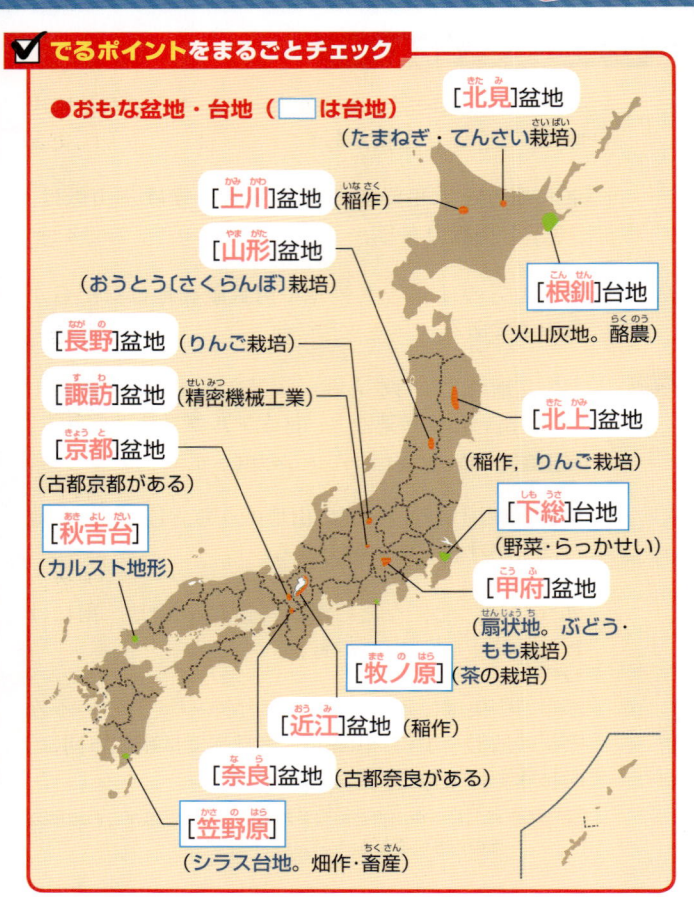

▶64

入試のツボ

盆地はくだものの栽培がさかん。
台地は畑作中心！

重要ポイント攻略編

でる問題でさらにおさえよう！

□ 北海道の〔**根釧**〕台地は、火山灰地で、気候も冷涼なので、稲作や畑作に向かず、**酪農**がさかんである。

でる! □ 山形県の〔**山形**〕盆地では、おうとう〔さくらんぼ〕の栽培がさかん。

□ 盆地には、扇形の地形である〔**扇状地**〕が発達しているところが多い。

> **ミス注意** 川が山間部から平地に出た付近にできる地形。河口にできるのは三角州。

□ 扇状地は水はけがよいので、〔くだもの〕の栽培に適している。

でる! □ **甲府盆地**では〔ぶどう〕やもも、**長野盆地**では〔りんご〕やぶどうの栽培がさかん。

でる! □ 静岡県の牧ノ原は〔茶〕の大産地である。

□ 山口県の〔**秋吉台**〕には、石灰岩でできた**カルスト地形**がある。

□ 鹿児島県の笠野原は、〔シラス〕とよばれる**火山灰土**の台地である。

でる順 2位 日本の国土と自然

7 湾・岬

でる度 ★★★

✓ でるポイントをまるごとチェック

●おもな湾・岬（ □ は岬）

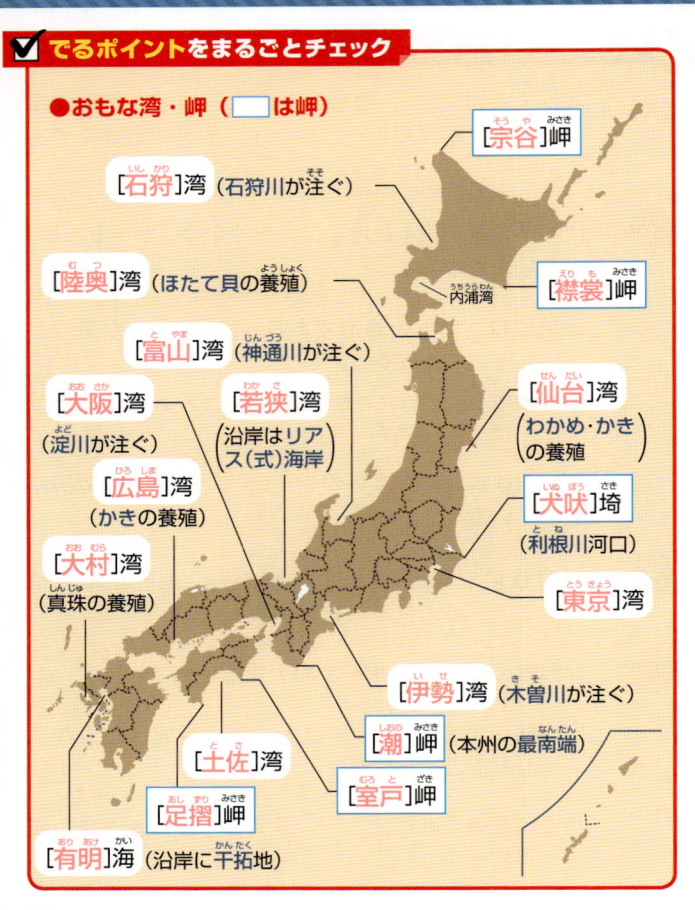

- [宗谷]岬
- [石狩]湾（石狩川が注ぐ）
- [陸奥]湾（ほたて貝の養殖）
- 内浦湾
- [襟裳]岬
- [富山]湾（神通川が注ぐ）
- [大阪]湾（淀川が注ぐ）
- [若狭]湾（沿岸はリアス（式）海岸）
- [仙台]湾（わかめ・かきの養殖）
- [広島]湾（かきの養殖）
- [犬吠]埼（利根川河口）
- [大村]湾（真珠の養殖）
- [東京]湾
- [伊勢]湾（木曽川が注ぐ）
- [土佐]湾
- [潮]岬（本州の最南端）
- [足摺]岬
- [室戸]岬
- [有明]海（沿岸に干拓地）

入試のツボ 養殖のさかんな湾に注目しよう！

重要ポイント攻略編

でる問題でさらにおさえよう！

- □青森県の〔陸奥〕湾や北海道の内浦湾はほたて貝の養殖がさかんである。

- □宮城県の仙台湾や広島県の〔広島〕湾では，かきの養殖がさかん。

- □房総半島と三浦半島に囲まれた〔東京〕湾沿岸には京浜工業地帯と京葉工業地域が発達している。

- **でる！** □若狭湾沿岸には，出入りの多い〔リアス（式）〕海岸が発達している。

- □琵琶湖から流れ出た川は，大阪府で淀川となり，〔大阪〕湾に注ぐ。

- □本州の最南端は紀伊半島の〔潮〕岬である。

- □四国では，足摺岬と〔室戸〕岬が太平洋に突き出ている。

- □有明海は遠浅で，沿岸に〔干拓〕地が広がる。

- □長崎県の〔大村〕湾では，真珠の養殖がさかん。

でる順 ②位 日本の国土と自然

8 火山

でる度 ♛♛♛

✓ でるポイントをまるごとチェック

● おもな火山

日本列島は環太平洋造山帯に属し、火山も多い。地震がおこりやすいんだ。

- [大雪]山(旭岳)（北海道の最高峰）
- [岩木]山（津軽富士とよばれる美しい山）
- [浅間]山（山ろくの嬬恋村で高原野菜。近年もしばしば噴火している）
- [蔵王]山（樹氷で有名。スキー客が多い）
- [大山]（中国地方の最高峰）
- [阿蘇]山（世界最大級のカルデラをもつ）
- [磐梯]山（会津富士とよばれる）
- [八ヶ]岳（山ろくの野辺山原で高原野菜）
- [富士]山（日本の最高峰。3776m）
- [桜島](御岳)（しばしば噴煙をあげている）
- [雲仙]岳(普賢岳)（1991年の噴火で多くの被害が出た）

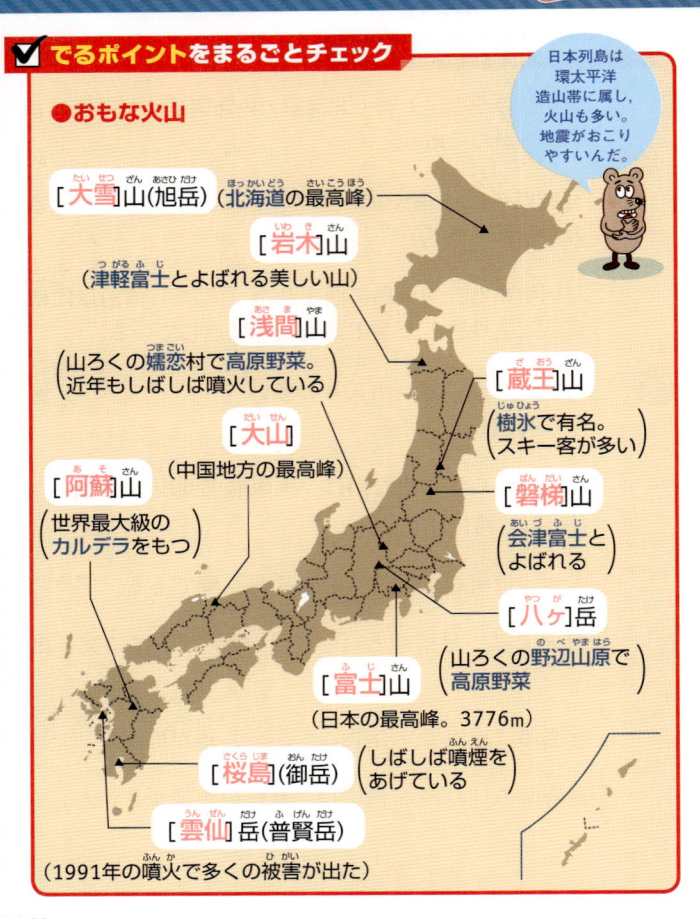

入試のツボ 日本には火山が多い。阿蘇山のカルデラは世界最大級！

重要ポイント攻略編

でる問題でさらにおさえよう！

□北海道で最も高い山は〔**大雪山**〕（旭岳）である。

でる！ □中央高地の〔**八ヶ岳**〕山ろくの野辺山原では，高原野菜の栽培がさかんである。

> **Pポイント** すずしい気候を利用した抑制栽培がさかん。

□群馬県と長野県の県境にある〔**浅間山**〕は，江戸時代に大噴火した。

□山梨県と静岡県の県境にある日本で最も高い山は〔**富士**〕山である。

> **知ットク** 2013年にユネスコの世界文化遺産に登録された。

□「伯耆富士」ともよばれる，中国地方で最も高い山は〔**大山**〕である。

でる！ □火山の噴火により，頂上部分が落ち込んでできたくぼ地を〔**カルデラ**〕といい，熊本県の〔**阿蘇山**〕のものは世界最大級といわれる。

□長崎県の〔**雲仙岳**〕（普賢岳）は1991年の噴火で火砕流が発生し，大きな被害が出た。

□鹿児島県の〔**桜島**〕（御岳）は現在も火山活動がさかん。

> **Pポイント** 周辺地域に火山灰の被害をもたらしている。

でる順 2位 日本の国土と自然

9 半島・島

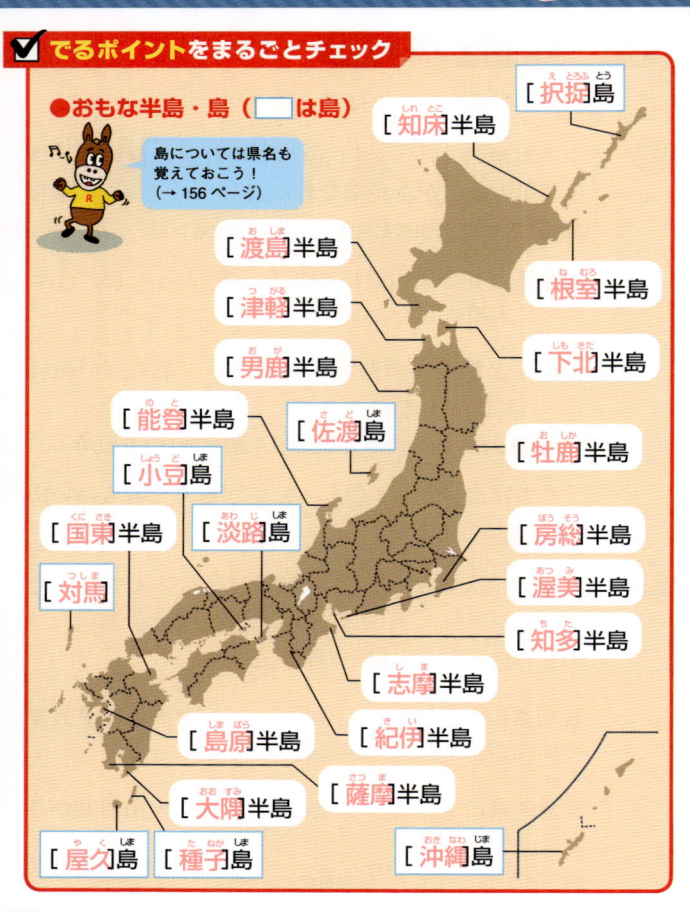

でる度 ★

✓ でるポイントをまるごとチェック

● おもな半島・島（□は島）

島については県名も覚えておこう！
（→ 156ページ）

- [知床]半島
- [択捉]島
- [渡島]半島
- [根室]半島
- [津軽]半島
- [下北]半島
- [男鹿]半島
- [能登]半島
- [佐渡]島
- [牡鹿]半島
- [小豆]島
- [国東]半島
- [淡路]島
- [房総]半島
- [対馬]
- [渥美]半島
- [知多]半島
- [志摩]半島
- [島原]半島
- [紀伊]半島
- [大隅]半島
- [薩摩]半島
- [屋久]島
- [種子]島
- [沖縄]島

▶70

入試のツボ
形などで覚えやすいものから覚えていこう！

重要ポイント攻略編

でる問題でさらにおさえよう！

でる!
- □日本の最北端の島は〔択捉〕島である。
  - **知ットク** 択捉島・国後島・色丹島・歯舞群島を北方領土という。
- □北海道の〔知床〕半島は，世界自然遺産に登録されている。
- □青森県には，津軽半島と〔下北〕半島の2つの大きな半島がある。
- □千葉県の南部には〔房総〕半島がある。
- □越後平野と向き合う大きな島は〔佐渡〕島である。
- □〔渥美〕半島は愛知県にあり，豊川用水が引かれている。
- □石川県の北部には〔能登〕半島がある。
- □〔紀伊〕半島は近畿地方の南部に位置する。
- □瀬戸内海にある島のうち，最も大きいのは兵庫県の〔淡路〕島である。
- □長崎県の離島の〔対馬〕は，朝鮮半島のまぢかにある。

でる順 2位 日本の国土と自然

10 人口

✓ でるポイントをまるごとチェック

●日本の年齢別人口割合（人口ピラミッド）

富士山型（1935年）
子どもの割合が[大き]い。

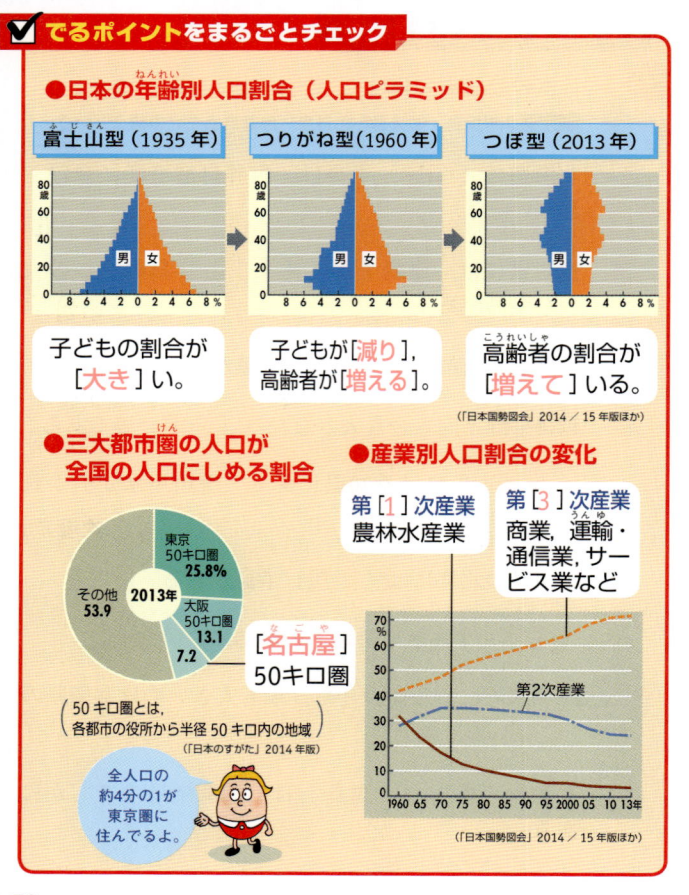

つりがね型（1960年）
子どもが[減り]，高齢者が[増える]。

つぼ型（2013年）
高齢者の割合が[増えて]いる。

（「日本国勢図会」2014／15年版ほか）

●三大都市圏の人口が全国の人口にしめる割合

- 東京50キロ圏 **25.8%**
- 大阪50キロ圏 **13.1**
- [名古屋]50キロ圏 **7.2**
- その他 **53.9**

2013年

（50キロ圏とは，各都市の役所から半径50キロ内の地域）
（「日本のすがた」2014年版）

全人口の約4分の1が東京圏に住んでいるよ。

●産業別人口割合の変化

第[1]次産業　農林水産業

第[3]次産業　商業，運輸・通信業，サービス業など

第2次産業

（「日本国勢図会」2014／15年版ほか）

入試のツボ 日本では,少子高齢化が進んでいる！

重要ポイント攻略編

でる問題でさらにおさえよう！

□日本の人口は約〔1〕億〔3〕千万人である。

□人口の約4分の1が,〔東京〕を中心とした都市圏に住んでいる。

でる! □近年,生まれてくる子どもの数がへる〔少子〕化が進んでいる。

でる! □近年の日本は,人口にしめる65歳以上の人の割合が高い〔高齢〕社会になっている。

□日本の人口ピラミッドは,第二次世界大戦前の富士山型から,つりがね型を経て,現在は〔つぼ〕型になっている。

□〔農林水産〕業を中心とする産業を,第1次産業という。

□第3次産業には,商品の販売にたずさわる〔商業〕や運輸・通信業,サービス業などがふくまれる。

□産業別人口では,第〔3〕次産業の人口が最も多く,約70％(2013年)をしめている。

□地域の人口が大きくへり,社会生活が困難になる現象のことを〔過疎〕化という。

Pポイント 山間部や離島に多くみられ,人口の高齢化が進んでいる。

でる順 2位 日本の国土と自然

1 位置と範囲

✓ でるポイントをまるごとチェック

●日本の位置

東経 [135] 度の経線
日本の時刻の基準になる経線。兵庫県 [明石] 市を通る。

[大韓民国]

[中国]

[択捉]島
北のはし。
北緯45度33分

[南鳥]島
東のはし。
東経153度59分

[与那国]島
西のはし。東経122度56分

[沖ノ鳥]島
南のはし。北緯20度25分

●日本の国土の地形区分

総面積 37.8万km²	61.0%	11.8	平地 24.8	その他 2.4
		丘陵地	台地 11.0 / 低地 13.8	

[山地]・丘陵地が国土の4分の3近くをしめている。

(「日本国勢図会」2014／15年版)

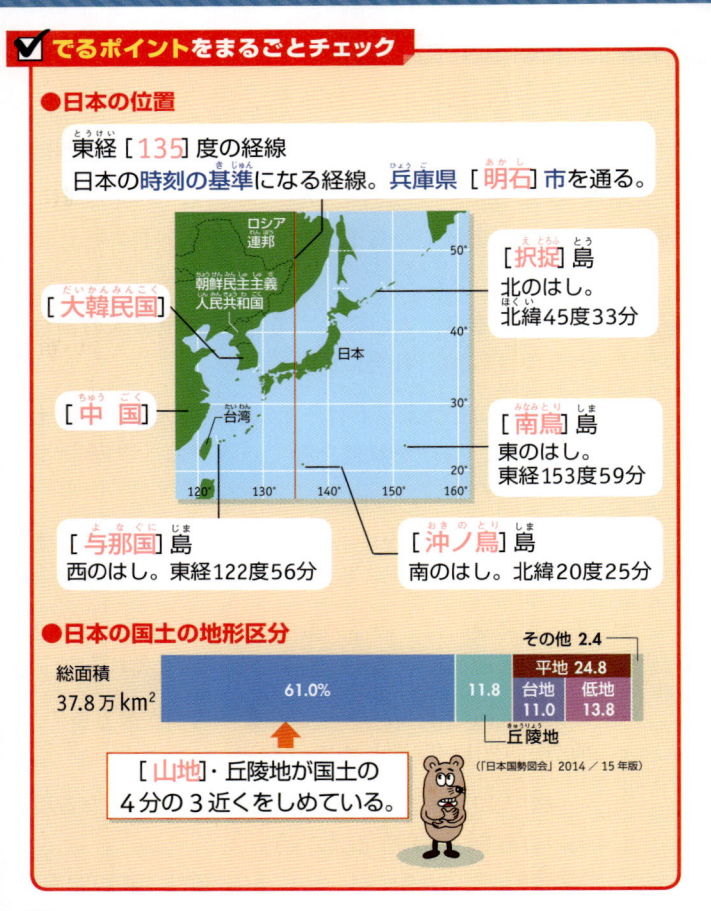

入試のツボ
日本はユーラシア大陸の東側に位置し、南北に長く広がっている！

重要ポイント攻略編

でる問題でさらにおさえよう！

- □日本は，およそ北緯〔20〕度から〔46〕度，東経〔122〕度から〔154〕度の間にある。

- □日本は，〔ユーラシア〕大陸と〔太平〕洋の間に位置している。

- **でる!** □日本の面積は約〔38〕万 km² である。

- □日本を構成する4つの大きな島は，面積の大きい順に，本州，〔北海道〕，〔九州〕，〔四国〕である。

- **でる!** □日本の北のはしは〔択捉島〕，南のはしは〔沖ノ鳥島〕，東のはしは〔南鳥島〕，西のはしは〔与那国島〕である。

- **でる!** □日本の時刻の基準になる東経〔135〕度の経線は，兵庫県明石市を通過する。

- □日本は，海岸から〔200〕海里の水域を排他的経済水域としている。

  Pポイント この水域では，沿岸国に水産資源や鉱産資源を管理する権利が認められている。

- **でる!** □日本の国土の約4分の3を〔山地〕・丘陵地がしめている。

でる順 3位 日本の農林水産業

1 米作り①

✓ でるポイントをまるごとチェック

●米の生産のさかんなところ

〈地図中の①〜⑥は米の収穫量の多い上位6道県〉

北海道や東北地方は寒流の影響で冷害を受けやすいよ。

上位6道県 (2013年)	①[新潟県]	②[北海道]	③[秋田県]
	④[山形県]	⑤[茨城県]	⑥[宮城県]

[石狩]平野
石狩川流域。
北海道の稲作の中心地

上川盆地

[秋田]平野
雄物川流域。あきたこまちなど

[庄内]平野
最上川流域。はえぬきなど

[越後]平野
信濃川流域。
コシヒカリなど

[仙台]平野
北上川流域。
ひとめぼれなど

[利根]川流域。
低湿な水郷地帯

[筑紫]平野
筑後川流域。九州一の稲作地帯

品種改良でおいしいブランド米〔銘柄米〕をつくっているよ。

(「日本国勢図会」2014／15年版)

入試のツボ 米の生産は東北地方が最大！
産地は平野と川のセットで覚えよう！

重要ポイント攻略編

でる問題でさらにおさえよう！

でる! □〔東北〕地方は，全国の米の約4分の1を生産。
> **知ットク** 米作りは水にめぐまれた平地でさかん。

でる! □北海道地方や東北地方では，夏の低温と日照不足などの影響で稲の生育が悪くなる〔冷害〕がおこることがある。

でる! □山形県の最上川下流に広がる〔庄内〕平野では，稲作がさかんである。
> **知ットク** 「はえぬき」というブランド米〔銘柄米〕の栽培がさかんである。

□信濃川下流に広がる〔越後〕平野では，ブランド米〔銘柄米〕の〔コシヒカリ〕の栽培がさかんである。

でる! □中部地方では，越後平野のある〔新潟〕県で最も米の生産高が多い。

□〔北海道〕では，石狩平野や〔上川〕盆地を中心に，米作りが行われている。

□九州地方では，〔筑後〕川流域の筑紫平野が稲作の中心で，米と野菜の二毛作が行われている。
> **ミス注意** 東北・北陸地方は，水田で1年に1回，米だけをつくる水田単作地帯である。

77

でる順 3位 日本の農林水産業

2 米作り②

✓ でるポイントをまるごとチェック

●米の生産量，輸入量，供給量

(「日本国勢図会」2014／15年版ほか)

	生産量（千t）	輸入量（千t）	1人あたりの供給量(kg)
1970年	12,689	15	95.1
1980年	9,751	27	78.9
1990年	10,499	50	70.0
2000年	9,490	879	64.6
2011年	8,566	997	57.8

人々が米を食べる量は，年々，[減って]いる。

米の生産量は，40年前にくらべて，[減って]いる。

近年は，外国から米を[輸入]するようになった。

●新食糧法による新しい米の流れ（生産から消費まで）

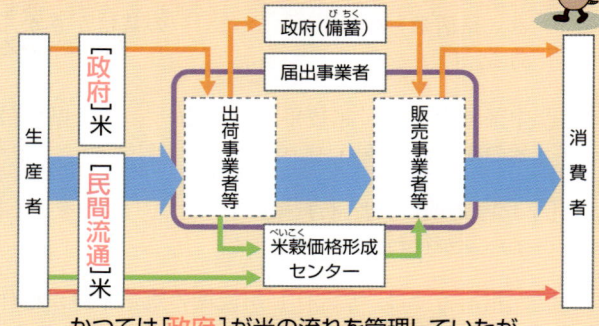

生産者 → [政府]米 → 政府（備蓄） → 届出事業者 → 出荷事業者等 → 販売事業者等 → 消費者

[民間流通]米 → 米穀価格形成センター

かつては[政府]が米の流れを管理していたが，現在は，さまざまなルートで自由に売り買いができるようになった。

入試のツボ 米の消費は減少。米の管理は政府から民間中心に！

重要ポイント攻略編

でる問題でさらにおさえよう！

□日本では食生活が変わり，それまでの〔米〕中心からパン・肉などを多く食べるようになった。

でる! □米があまるようになったため，1970年ごろから，米の生産をおさえる〔生産調整〕(減反政策)が行われるようになった。

> **Pポイント** 水田の休耕・転作によって，米の生産量を減らした。

でる! □1995年に〔新食糧〕法が施行され，米の流通のしくみが大きく変わった。

□以前は，米の生産・流通などを〔政府〕が管理していたが，流通の〔自由〕化が進み，多様なルートで消費者のもとに届けられるようになっている。

□1999年から，米の〔輸入〕が自由化された。

> **Pポイント** 外国からの圧力による。1995年から部分的に市場開放（ミニマム・アクセス＝最低輸入義務量の受け入れ）。

□日本は，おもに〔アメリカ合衆国〕やタイ，オーストラリア，中国などから米を輸入している。

でる順 ③位 日本の農林水産業

③ 畑作

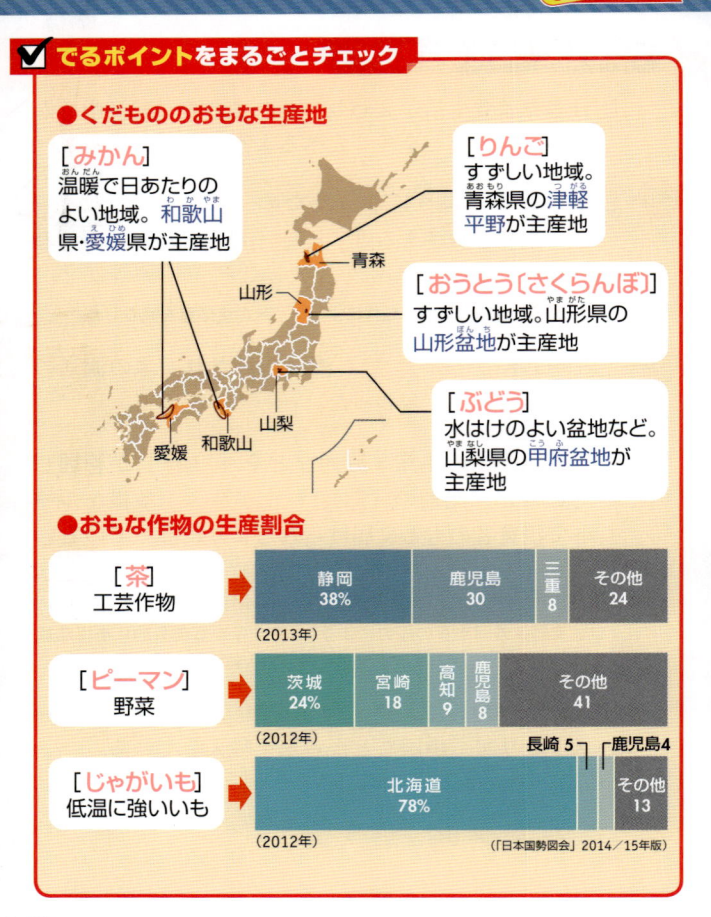

でる度 ★★★

☑ でるポイントをまるごとチェック

● くだもののおもな生産地

[みかん]
温暖で日あたりの
よい地域。和歌山
県・愛媛県が主産地

[りんご]
すずしい地域。
青森県の津軽
平野が主産地

[おうとう(さくらんぼ)]
すずしい地域。山形県の
山形盆地が主産地

[ぶどう]
水はけのよい盆地など。
山梨県の甲府盆地が
主産地

● おもな作物の生産割合

[茶] 工芸作物

| 静岡 38% | 鹿児島 30 | 三重 8 | その他 24 |

(2013年)

[ピーマン] 野菜

| 茨城 24% | 宮崎 18 | 高知 9 | 鹿児島 8 | その他 41 |

(2012年)

[じゃがいも] 低温に強いいも

| 北海道 78% | 長崎 5 | 鹿児島 4 | その他 13 |

(2012年)

(「日本国勢図会」2014/15年版)

入試のツボ
みかんは和歌山県・愛媛県、りんごは青森県、ぶどう・ももは山梨県で生産がさかん！

重要ポイント攻略編

でる問題でさらにおさえよう！

□ 日本を代表する畑作地帯のうち，十勝平野では，〔豆〕類やじゃがいも，てんさいなど，関東平野では〔野菜〕や工芸作物の生産がとくに多い。

でる! □ 大都市の周辺では，都市向けに野菜や花・たまごなどを生産する〔近郊〕農業が発達している。

> **Pポイント** 新鮮さを求められる野菜や花は，生産地が消費地である大都市に近いほうが有利。

でる! □ ビニルハウスなどを利用して，野菜の栽培時期を早めて出荷する方法を〔促成〕栽培という。

でる! □ 野菜の促成栽培は，九州地方では〔宮崎〕平野，四国地方では〔高知〕平野などで行われている。

□ 八ヶ岳や浅間山の山ろくでは，夏でもすずしい気候を生かし，レタスやキャベツなどの〔高原〕野菜を〔抑制〕栽培で生産している。

□ ぶどうは，山梨県の〔甲府〕盆地が主産地である。

□ りんごは，すずしい気候の青森県の〔津軽〕平野が主産地である。

□ 〔おうとう〔さくらんぼ〕〕は，山形盆地が主産地である。

でる順 3位 日本の農林水産業

4 農業の課題

でる度 ★★★

☑ でるポイントをまるごとチェック

●農業就業人口（販売農家）

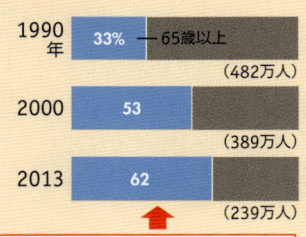

年		(人数)
1990年	33% ← 65歳以上	(482万人)
2000年	53	(389万人)
2013年	62	(239万人)

●農業経営者（販売農家）

- 65歳以上 **61.8**
- 39歳以下 **7.3%**
- 40〜49歳 **5.1**
- 50〜59歳 **11.8**
- 60歳以上 **75.8**
- 平均年齢 **66.2歳**

(2013年)

農業で働いている人のうち，[65]歳以上の[高齢]者のしめる割合が増えている。

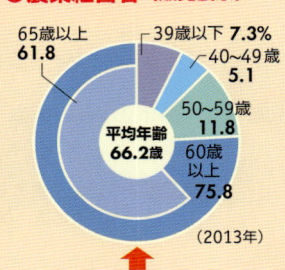

39歳以下の若い経営者の割合は約[7]％にすぎない。

●農家の内訳（販売農家）

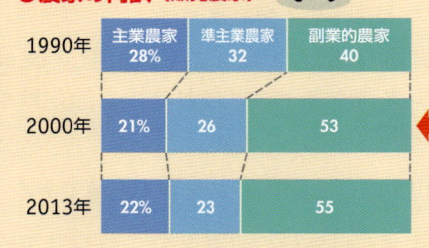

年	主業農家	準主業農家	副業的農家
1990年	28%	32	40
2000年	21%	26	53
2013年	22%	23	55

農業収入を主としている主業農家の割合が[減って]きて，近年は横ばいである。

65歳未満で，農業についている日数が60日以上の人がいる農家のうち，農業収入が主の農家を主業農家，農業以外の収入が主の農家を準主業農家という。また，65歳未満で，農業についている日数が60日以上の人がいない農家を副業的農家という。

(平成25年農業構造動態調査)

入試のツボ
農業人口は減少していて、働き手の高齢(こうれい)化が進んでいる！

重要ポイント攻略編

でる問題でさらにおさえよう！

- □ 日本は、多くの人手や肥料(ひりょう)を使い、せまい耕地(こうち)から多くの生産をあげる〔集約(しゅうやく)〕農業が特色である。

- □ 日本は、アメリカ合衆国(がっしゅうこく)に比べると、農家1戸あたりの耕地面積が〔せま〕い。

- □ 近年、農家ではあとをつぐ若い人が減り、農業で働く人の〔高齢(こうれい)〕化が進んでいる。

- **でる!** □ 農家の中では、農業以外の仕事も行う〔兼業(けんぎょう)〕農家が大部分をしめている。

- **でる!** □ 農産物の輸入が増えているため、日本の農産物の〔自給(じきゅう)〕率は先進国の中で特に低い。

- □ 65歳(さい)未満で、農業についている日数が60日以上の人がいる農家のうち、農業収入が主の農家を〔主業〕農家、農業以外の収入が主の農家を〔準主業〕農家という。

- □ 65歳未満で、農業についている日数が60日以上の人がいない農家を〔副業的〕農家という。

でる順 **3**位 日本の農林水産業

5 食料自給率

でる度 ★★★

✓ でるポイントをまるごとチェック

● おもな食料の自給率の変化

[米]
ほぼ自給できる。

[くだもの]
オレンジなどの外国産のものを多く食べるようになった。

[小麦]
パンの原料として重要だが、大部分を輸入している。

(グラフラベル: 野菜、肉類、だいず)
(「日本国勢図会」2014／15年版ほか)

● 農産物の日本の輸入先

みそ・とうふや油の原料になる。

〈[小麦]の輸入先〉
2013年 620万t
- アメリカ合衆国 52.1%
- カナダ 27.1
- オーストラリア 15.5
- その他 5.3

「アメリカ合衆国」が半分以上をしめている。

〈[だいず]の輸入先〉
2013年 276万t
- アメリカ合衆国 60.1%
- ブラジル 23.5
- カナダ 13.7
- その他 2.7

(「日本国勢図会」2014／15年版)

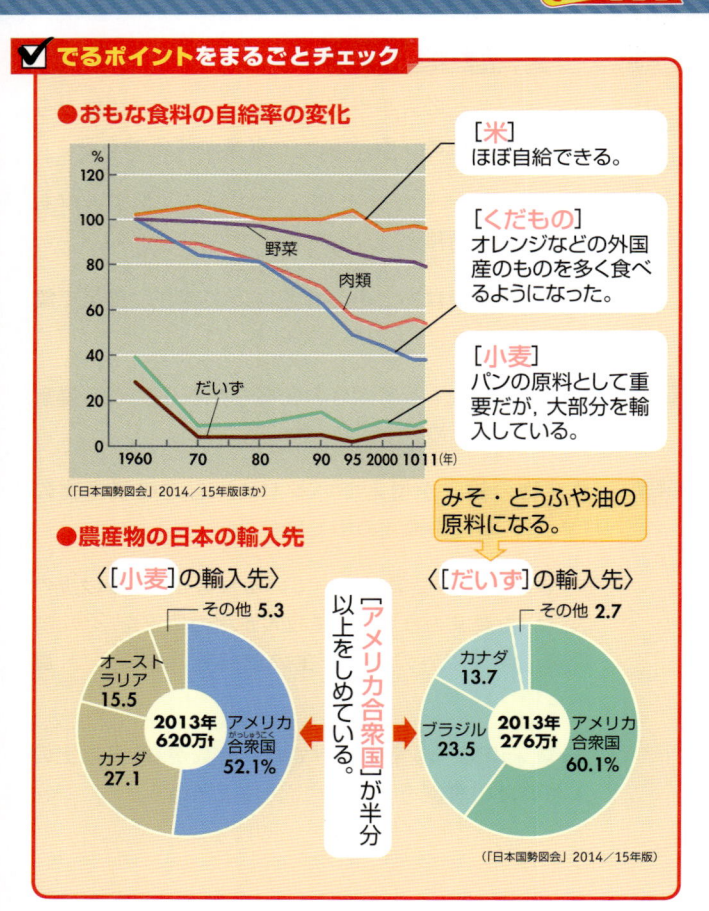

入試のツボ

日本の食料自給率は低い。とくに小麦・だいずが低い！

重要ポイント攻略編

でる問題でさらにおさえよう！

でる! □日本の食料自給率は，先進国の中で特に〔低〕い。

Pポイント 近年の日本の食料自給率は約40％。

□世界で〔輸入〕制限をなくす動きが高まる中で，日本も，農産物の輸入〔自由〕化を進めている。

でる! □食料のうち，〔米〕はほぼ自給できるが，近年，輸入も行われるようになった。

□日本は，小麦とだいずの輸入量のうち，半分以上を〔アメリカ合衆国〕から輸入している。

□日本は，野菜，くだもの，肉類のうちでは，〔野菜〕の自給率がいちばん高い。

□日本の〔肉類〕の自給率は54％（2011年）であるが，飼料の消費・生産・輸入を計算に入れると，その自給率はもっと〔低〕くなる。

□貿易や，サービスの取り引きの自由化を目的とした，アメリカ合衆国や日本，オーストラリア，シンガポールなど，おもに太平洋に面した国々による取り決めを〔ＴＰＰ〕〔環太平洋経済連携協定〕という。

でる順 3位 日本の農林水産業

6 農業の工夫

でる度 ★★★

✓ でるポイントをまるごとチェック

●各地の土地開発

[石狩]平野
水はけの悪い泥炭地を,
客土と排水工事により水田に改良

八郎潟
[干拓]により大潟村ができた

[越後]平野
信濃川の分水路や暗きょ
排水で湿田を乾田化

[黒部]川の下流
流水客土により改良

安積疏水
[猪苗代]湖の水を
郡山盆地に運ぶ

[児島]湾
干拓により耕地が拡大

[明治]用水
明治時代に完成。
岡崎平野をかんがい

[豊川]用水
渥美半島をかんがい

[愛知]用水
知多半島をかんがい

[香川]用水
ため池とともに
讃岐平野をかんがい

[有明]海
江戸時代以降に干拓が本格化した

入試のツボ
干拓や用水建設が行われたところをおさえよう！

重要ポイント攻略編

でる問題でさらにおさえよう！

□日本では，〔品種改良〕によって，低温に強い稲をつくり出して，稲作を発展させてきた。

□「つがる」や「ふじ」，「王林」などの品種が開発されたくだものは，〔りんご〕である。

でる！ □石狩平野の泥炭地では，よそから土を運んで加える〔客土〕という方法で水田をつくってきた。

でる！ □有明海や児島湾，八郎潟などでは，〔干拓〕によって耕地をつくってきた。

□愛知県の〔渥美〕半島では，豊川用水がつくられてから，野菜・花の生産がさかんになった。

知ットク 愛知県の三大用水は，明治・豊川・愛知。

□越後平野では，〔信濃〕川に分水路をつくったり，暗きょ排水をするなどして，湿田を〔乾田〕にかえた。

□稲かりと脱こくをいっしょに行う〔コンバイン〕などの農業機械の使用で，農作業の効率が高まった。

□殺虫剤や除草剤などの〔農薬〕は，収穫量を増やすことに役立つが，自然や人体には悪い影響が出る場合もある。

でる順 3位 日本の農林水産業

7 水産業

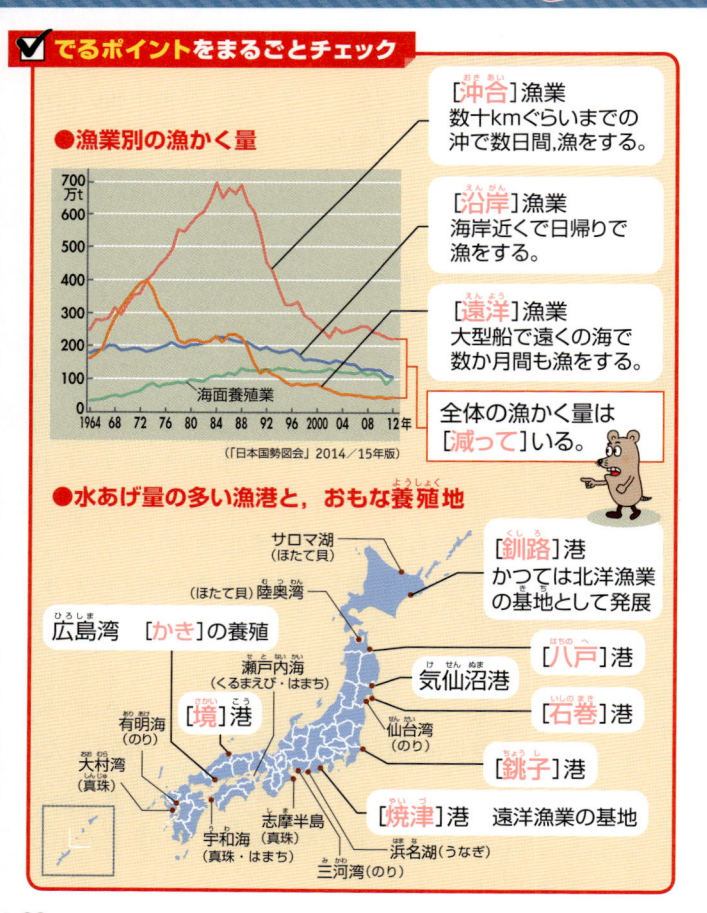

✓ でるポイントをまるごとチェック

●漁業別の漁かく量

[沖合]漁業
数十kmぐらいまでの沖で数日間、漁をする。

[沿岸]漁業
海岸近くで日帰りで漁をする。

[遠洋]漁業
大型船で遠くの海で数か月間も漁をする。

全体の漁かく量は[減って]いる。

(「日本国勢図会」2014/15年版)

●水あげ量の多い漁港と、おもな養殖地

- サロマ湖(ほたて貝)
- (ほたて貝)陸奥湾
- 広島湾 [かき]の養殖
- 瀬戸内海(くるまえび・はまち)
- 有明海(のり)
- 大村湾(真珠)
- [境]港
- 仙台湾(のり)
- 宇和海(真珠・はまち)
- 志摩半島(真珠)
- 浜名湖(うなぎ)
- 三河湾(のり)
- [釧路]港 かつては北洋漁業の基地として発展
- [八戸]港
- 気仙沼港
- [石巻]港
- [銚子]港
- [焼津]港 遠洋漁業の基地

入試のツボ 近年漁かく量は減少。「育てる漁業」の養殖漁業と栽培漁業に力を入れている！

重要ポイント攻略編

でる問題でさらにおさえよう！

□日本のまわりには，深さが200 mくらいまでの〔**大陸だな**〕が広がり，よい漁場になっている。

□暖流と寒流が出合うところを〔**潮目〔潮境〕**〕といい，多くの魚が集まる好漁場になっている。

でる! □日本の遠洋漁業は，各国が〔**200**〕海里の排他的経済水域を設けるようになって，漁かく量が減少した。

　知ットク 漁かく量はかつて世界一。現在は第7位（2012年）。

□静岡県の〔**焼津**〕港は，遠洋漁業の基地であり，まぐろの水あげ量が多い。

でる! □育てる漁業のうち，いけすなどで魚や貝を育ててから出荷する漁業を〔**養殖**〕漁業という。

でる! □卵を稚魚（稚貝）まで育てたあと，海に放流し，大きくなってからとる漁業を〔**栽培**〕漁業という。

□日本は世界最大の水産物の輸入国。魚や貝の輸入先は，〔**中国**〕が第1位。

　知ットク 漁かく量世界第1位（2012年）の国。

でる順 3位 日本の農林水産業

8 畜産業

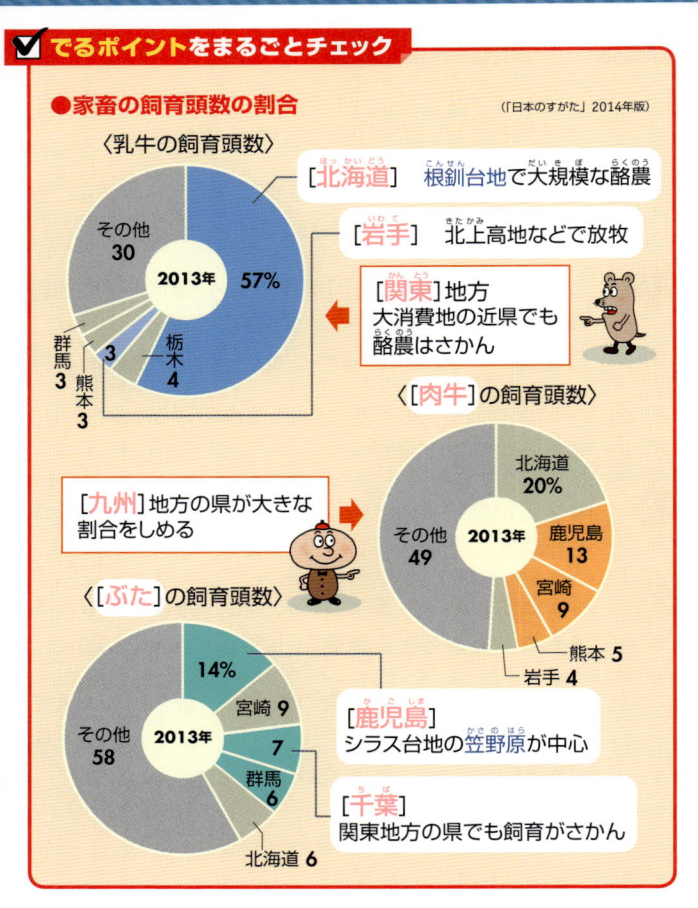

でる度 ★

✓ でるポイントをまるごとチェック

●家畜の飼育頭数の割合
（「日本のすがた」2014年版）

〈乳牛の飼育頭数〉
2013年
[北海道] 57%
その他 30
栃木 4
熊本 3
群馬 3

[北海道] 根釧台地で大規模な酪農
[岩手] 北上高地などで放牧
[関東]地方 大消費地の近県でも酪農はさかん

〈[肉牛]の飼育頭数〉
2013年
北海道 20%
鹿児島 13
宮崎 9
熊本 5
岩手 4
その他 49

[九州]地方の県が大きな割合をしめる

〈[ぶた]の飼育頭数〉
2013年
14%
宮崎 9
7
群馬 6
北海道 6
その他 58

[鹿児島] シラス台地の笠野原が中心
[千葉] 関東地方の県でも飼育がさかん

▶90

入試のツボ

乳牛は北海道，肉牛は九州地方と北海道，
ぶたは九州地方と関東地方！

重要ポイント攻略編

でる問題でさらにおさえよう！

□乳牛を飼い，バターやチーズなどを生産する農業を〔**酪農**〕という。

□乳牛は，北海道の〔**根釧**〕台地で飼育がさかん。

Ｐポイント 機械化の進んだ大規模な農場経営が行われている。

でる！ □肉牛は，北海道や，鹿児島県の火山灰台地の〔**笠野原**〕などで飼育がさかん。

でる！ □ぶたや肉用若鶏(にわとり)は，ともに〔**鹿児島**〕県や宮崎県で飼育がさかん。

□家畜の飼料は，大部分を輸入にたよっており，国内産は約〔**4**〕分の１である。

□1991年に〔**牛肉**〕の輸入が自由化され，安い外国の商品が出回るようになると，国内の畜産農家は高級肉の生産に力を入れるなどの対応をとった。

□畜産農家は，にわとりの鳥インフルエンザや牛の〔**ＢＳＥ**〕〔**牛海綿状脳症**〕といった感染症の予防に細心の注意をはらっている。

でる順 3位 日本の農林水産業

9 林業

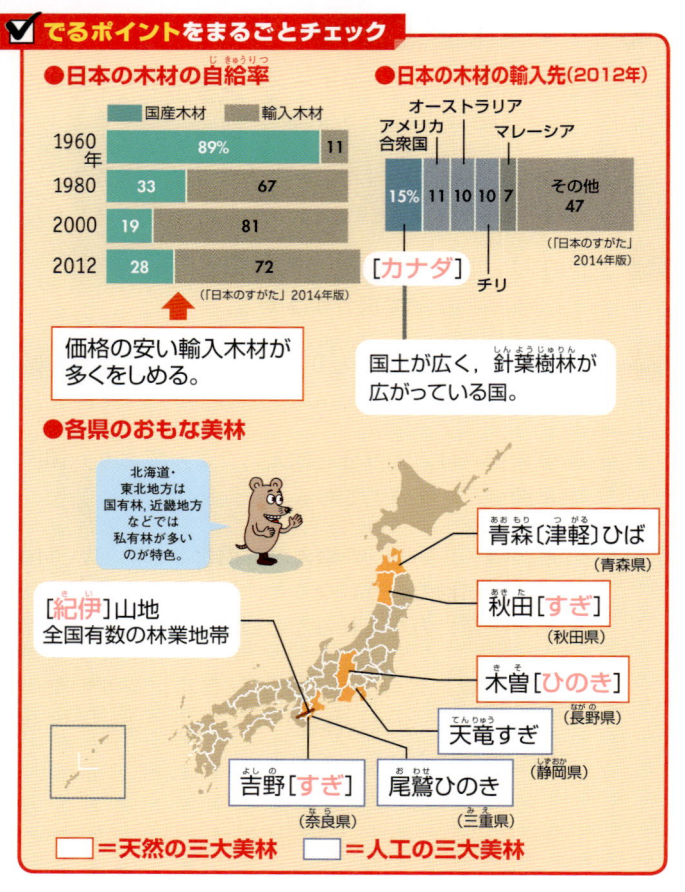

✓ でるポイントをまるごとチェック

● 日本の木材の自給率

年	国産木材	輸入木材
1960	89%	11
1980	33	67
2000	19	81
2012	28	72

(「日本のすがた」2014年版)

価格の安い輸入木材が多くをしめる。

● 日本の木材の輸入先(2012年)

[カナダ]	アメリカ合衆国	オーストラリア	マレーシア	チリ	その他
15%	11	10	10	7	47

(「日本のすがた」2014年版)

国土が広く,針葉樹林が広がっている国。

● 各県のおもな美林

北海道・東北地方は国有林,近畿地方などでは私有林が多いのが特色。

- 青森〔津軽〕ひば (青森県)
- 秋田[すぎ] (秋田県)
- 木曽[ひのき] (長野県)
- 天竜すぎ (静岡県)
- 尾鷲ひのき (三重県)
- 吉野[すぎ] (奈良県)
- [紀伊]山地 全国有数の林業地帯

☐=天然の三大美林　☐=人工の三大美林

入試のツボ 日本国土の約70%は森林。林業の後継者不足は深刻！

重要ポイント攻略編

でる問題でさらにおさえよう！

□森林は，二酸化炭素をとりこんで酸素を排出するので，地球〔温暖〕化を弱める力をもっている。

でる！ □森林は，降った雨を地中にたくわえ，少しずつ水を流しているので，〔緑のダム〕といわれる。

ポイント 森林には，洪水や土砂くずれを防ぐはたらきもある。

でる！ □日本は，木材の約〔70〕%を輸入している。

でる！ □木曽ひのきや秋田すぎ，〔青森〔津軽〕〕ひばは，日本の天然の三大美林として知られている。

□天竜すぎ，尾鷲ひのき，吉野すぎは〔人工〕の三大美林として知られている。

□近畿地方の〔紀伊〕山地は温暖で雨が多いため木がよく育ち，古くから林業がさかんである。

□林業ではたらく人が減少し，〔高齢〕化が進んでいるので，後継者の育成が課題になっている。

□栄養分が川を通じて海に流れ出し，よい漁場になるとして，〔漁業〕ではたらく人の間で植林によって〔森林〕を育てようという活動が広まっている。

でる順 4位 日本の工業と資源

1 工場の分布

でる度 ★★★

✓ でるポイントをまるごとチェック

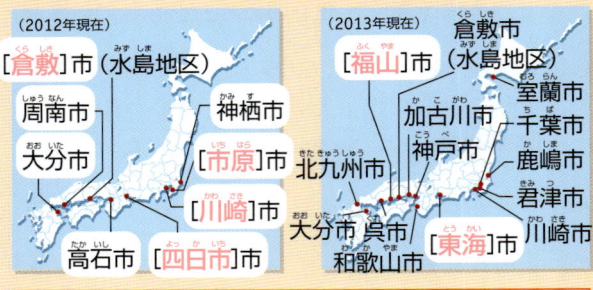

●石油化学コンビナートのある都市
（2012年現在）
- [倉敷]市（水島地区）
- 周南市
- 大分市
- 高石市
- 神栖市
- [市原]市
- [川崎]市
- [四日市]市

●鉄鋼工場のある都市
（2013年現在）
- [福山]市
- 倉敷市（水島地区）
- 加古川市
- 神戸市
- 北九州市
- 大分市
- 呉市
- 和歌山市
- 室蘭市
- 千葉市
- 鹿嶋市
- 君津市
- 川崎市
- [東海]市

石油化学工業・鉄鋼業とも，[臨海]部に発達している。

●半導体工場の分布
（2013年現在）

[内陸]部にも多く分布している。

空港や高速道路の近くに多いよ。

（「日本のすがた」2014年版）

入試のツボ
石油化学・鉄鋼は臨海部,半導体は空港や高速道路の近くなどに多い!

重要ポイント攻略編

でる問題でさらにおさえよう!

□ 倉敷市(水島地区)(岡山県),四日市市(三重県),市原市(千葉県)などに発達している工業は〔**石油化学**〕工業である。

Pポイント いずれも原料の輸入に便利な臨海部に立地する都市で,原料を効率よく利用するコンビナートがある。

□ 室蘭市(北海道),倉敷市(水島地区)(岡山県)や福山市(広島県),東海市(愛知県)などに発達している工業は〔**鉄鋼業**〕である。

でる! □ 石油化学工業や鉄鋼業は,原料の〔**輸入**〕に便利な臨海部に発達している。

知っトク 石油化学工業のおもな原料は石油〔原油〕,鉄鋼業のおもな原料は鉄鉱石や石炭である。

□ 機械工業など組み立て型の工業は〔**内陸**〕部にも発達している。

でる! □ 半導体工場は,製品が航空機でも輸送されるため,〔**空港**〕の近くにも多くつくられている。

でる順 4位 日本の工業と資源

2 工業の歴史

✓ でるポイントをまるごとチェック

●日本の工業生産の割合

年			食料品			その他
1970年	19.3%	32.4	10.6	10.4	7.7	19.6
1980年	17.1%	31.8	15.5	10.5	5.2	19.9
1990年	13.8%	43.1	9.7	10.2	3.9	19.3
2000年	11.1%	45.8	11.0	11.6	2.3	18.2
2012年	13.8%	43.7	14.9	11.7	1.4	14.5

[せんい]工業
第二次世界大戦前の日本の工業の中心だった。割合は年々[下がって]いる

[化学]工業
[石油]などを原料として製品をつくる

[機械]工業
自動車や電気機器などをつくる。日本の工業の中心

[金属]工業　鉄鋼などをつくる

●三大工業地帯の工業生産の割合

1960年	24.7%	10.8	20.9	その他 43.6
1980年	17.5%	11.7	14.1	その他 56.7
2012年	8.9%	17.3	10.5	その他 63.3

[中京]工業地帯
名古屋・豊田・四日市などが中心。機械工業を中心に，出荷額は日本一

[京浜]工業地帯
東京・横浜・川崎などが中心。以前は，日本一の出荷額をあげていた

[阪神]工業地帯
大阪・神戸・堺などが中心。金属工業の割合が比較的高い

（「日本のすがた」2014年版，「日本国勢図会」2014／15年版）

入試のツボ 日本の工業の中心は、せんい→重化学→ＩＣ〔集積回路〕などへと変化！

重要ポイント攻略編

でる問題でさらにおさえよう！

- □第二次世界大戦前,〔せんい〕工業を中心とする軽工業が日本の工業の中心になっていた。
  Pポイント 明治時代には官営工場がつくられた。

- **でる!** □1950年代半ばから1970年代はじめにかけての〔高度経済成長〕の時期に、日本の工業は急速に発展した。
  知ットク 一方で公害が問題となった。

- □1970年代の二度にわたる〔石油危機〕〔オイルショック〕ののち、重化学中心の工業が見直されるようになった。

- □現在、日本の工業は、自動車や電気機器などをつくる〔機械〕工業の生産割合が最も高い。

- **でる!** □近年,〔ＩＣ〔集積回路〕〕など、高度な知識を生かした工業が発展している。

- □京浜工業地帯,中京工業地帯,〔阪神〕工業地帯を三大工業地帯という。

- **でる!** □近年、三大工業地帯のうち,〔中京工業地帯〕のしめる割合が大きくなっている。

でる順 4位 日本の工業と資源

3 資源

でる度 ★★★

✓ でるポイントをまるごとチェック

●おもな地下資源の日本の輸入先別輸入量割合

原油(石油)

〈日本の輸入先〉
2013年
- [サウジアラビア] 31.8%
- アラブ首長国連邦 22.7
- カタール 12.7
- クウェート 7.3
- ロシア連邦 6.9
- その他 18.6

西アジアの[ペルシア]湾岸が世界最大の産出地。

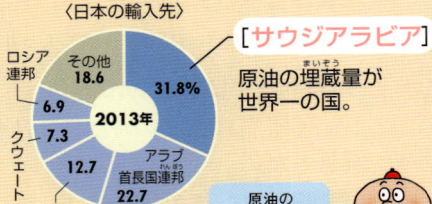

[サウジアラビア]
原油の埋蔵量が世界一の国。

原油の輸入先は、大部分が西アジアの国。

石炭

〈日本の輸入先〉
2013年
- [オーストラリア] 63.6%
- インドネシア 19.1
- ロシア連邦 6.4
- カナダ 5.2
- その他 5.7

かつては、日本でも、北海道や[福岡]県などで多く産出された。

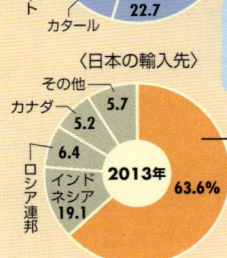

[オーストラリア]
日本の真南にある国。日本が最大の輸出相手国になっている。

鉄鉱石

〈日本の輸入先〉
2012年
- [オーストラリア] 61.6%
- [ブラジル] 28.7
- 南アフリカ共和国 4.3
- その他 5.4

[石炭]とともに鉄鋼の原料。

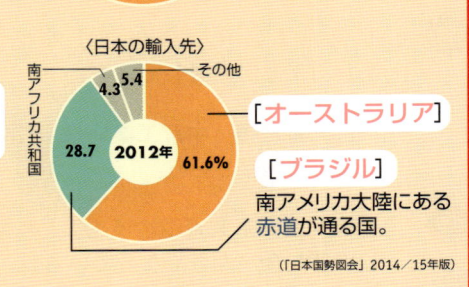

[オーストラリア]

[ブラジル]
南アメリカ大陸にある赤道が通る国。

(「日本国勢図会」2014/15年版)

入試のツボ 日本は資源の大半を輸入にたよっている！

重要ポイント攻略編

でる問題でさらにおさえよう！

□原油〔石油〕・石炭・鉄鉱石のうち，1950年代まで日本でほぼ自給していた資源は〔石炭〕である。

でる! □〔原油〔石油〕〕は，大部分を西アジアの国々から輸入している。

でる! □石炭と鉄鉱石は，〔オーストラリア〕から最も多く輸入している。

□ブラジルからは，〔鉄鉱石〕の輸入が多い。

□地下資源のうち，〔金〕は宝飾用やメッキ用などに利用され，〔ボーキサイト〕はアルミニウムの原料として利用される。

Pポイント 中国やオーストラリアで産出量が多い。

でる! □世界的にみて産出量が少ないクロム，マンガン，コバルト，ニッケルなどの希少金属のことを〔レアメタル〕という。

Pポイント 電子機器などの生産に欠かせない鉱産資源である。

□〔石油危機〕〔オイルショック〕がおこったことからもわかるように，資源を輸入に頼る国は世界情勢の影響を受けやすい。

でる順 4位 日本の工業と資源

4 エネルギー

✓ でるポイントをまるごとチェック

●日本のエネルギー供給割合

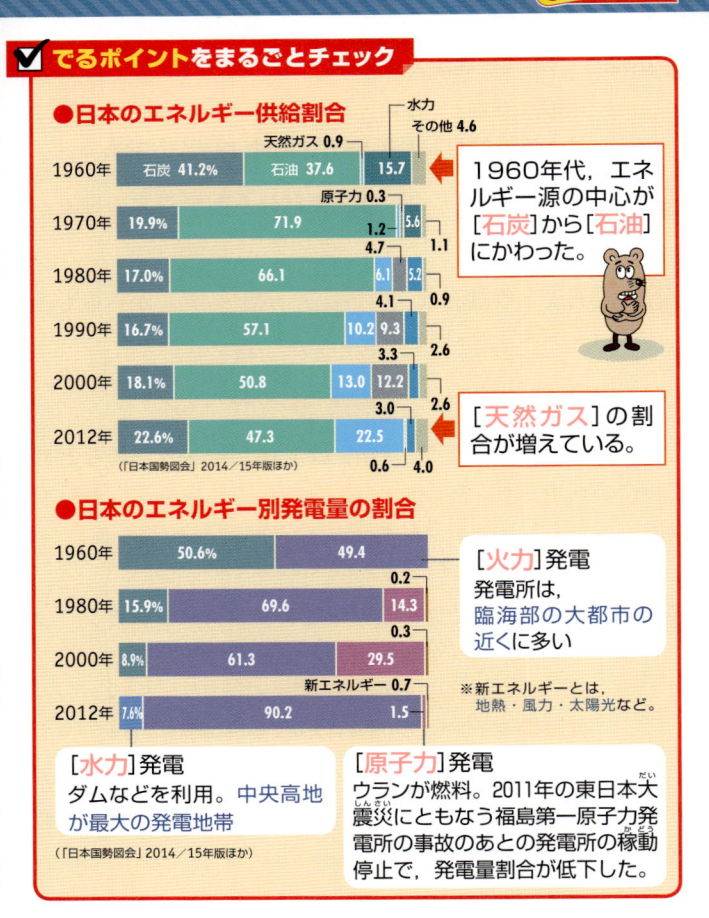

年	石炭	石油	天然ガス	水力	その他
1960年	41.2%	37.6	0.9	15.7	4.6
1970年	19.9%	71.9	1.2 (原子力0.3)	5.6	1.1
1980年	17.0%	66.1	6.1 / 4.7	5.2	0.9
1990年	16.7%	57.1	10.2 / 4.1	9.3	2.6
2000年	18.1%	50.8	13.0 / 3.3	12.2	2.6
2012年	22.6%	47.3	22.5 / 3.0	0.6	4.0

(「日本国勢図会」2014/15年版ほか)

1960年代, エネルギー源の中心が[石炭]から[石油]にかわった。

[天然ガス]の割合が増えている。

●日本のエネルギー別発電量の割合

年	水力	火力	原子力	新エネルギー
1960年	50.6%	49.4		
1980年	15.9%	69.6	14.3	0.2
2000年	8.9%	61.3	29.5	0.3
2012年	7.6%	90.2	1.5	0.7

[火力]発電
発電所は, 臨海部の大都市の近くに多い

※新エネルギーとは, 地熱・風力・太陽光など。

[水力]発電
ダムなどを利用。中央高地が最大の発電地帯

[原子力]発電
ウランが燃料。2011年の東日本大震災にともなう福島第一原子力発電所の事故のあとの発電所の稼動停止で, 発電量割合が低下した。

(「日本国勢図会」2014/15年版ほか)

入試のツボ 発電は火力が中心！

重要ポイント攻略編

でる問題でさらにおさえよう！

□ 1960年代に，エネルギー源の中心が石炭から石油に大きくかわったことを〔エネルギー革命〕という。

でる! □ 1973年，第四次中東戦争が原因で，世界の〔石油〕の価格が急に上がり，日本の工業も打撃を受けた。

Pポイント 1970年代に二度の石油危機〔オイルショック〕があった。

□ 発電や都市ガスに使われる〔天然ガス〕は，空気をよごすことが少ないという利点がある。

知ットク 近年は，シェールガスやメタンハイドレートなど，これまでとは異なる地層に存在する資源の開発が進められている。

□ 2011年の東日本大震災で大きな事故がおこったため，〔原子力〕発電所の運転にはよりきびしい規制が加えられている。

でる! □ 風の力を利用した〔風力〕発電や地熱発電，太陽光発電などは環境にやさしい再生可能エネルギーとして注目されている。

でる順 4位 日本の工業と資源

5 伝統工業

でる度 ★★★

✓ でるポイントをまるごとチェック

●各地のおもな伝統的工芸品とおもな産地

経済産業大臣が指定しているものだよ。

- [津軽]塗(弘前市)
- [輪島]塗(輪島市)
- [加賀]友禅・九谷焼(金沢市)
- 西陣[織],友禅染,清水焼(京都市)
- 博多人形・博多織(福岡市)
- [伊万里・有田]焼(伊万里市,有田町)
- 小千谷ちぢみ(小千谷市)
- 南部[鉄器](盛岡市)
- 置賜つむぎ(米沢市)
- [会津]塗(会津若松市)
- 益子焼(益子町)
- [美濃]焼(土岐市)
- 本場大島つむぎ(奄美市)
- 越前[和紙](越前市)
- [備前]焼(備前市)
- 熊野[筆](熊野町)
- [土佐]和紙(いの町)
- [琉球]かすり(南風原町)

入試のツボ
輪島・会津若松・弘前などで漆器，備前・有田などで焼物がさかん！

重要ポイント攻略編

でる問題でさらにおさえよう！

□ 輪島市，弘前市，会津若松市などでは，〔漆器〕の伝統工業がさかん。

□ 有田町，備前市，土岐市などでは〔焼物〕の伝統工業が発達している。

　Pポイント 良質な土がとれるので，この伝統工業が発達した。

□ 南部鉄器は，近くで砂鉄がとれた〔岩手〕県の盛岡市周辺でつくられる伝統的工芸品。

でる! □ 京都では，〔友禅〕染や〔清水〕焼，〔西陣〕織など，さまざまな伝統工業が発達している。

□ 織物の伝統工業として，小千谷〔ちぢみ〕や小千谷つむぎ（新潟県），〔本場大島〕つむぎ（鹿児島県）などが知られている。

でる! □ こうぞやみつまたといった原料から，手すきによってつくられる紙を〔和紙〕といい，福井県の〔越前和紙〕や高知県の〔土佐和紙〕などが知られている。

でる! □ 伝統工業の製品のうち，経済産業大臣により指定されているものを〔伝統的工芸品〕という。

でる順 4位 日本の工業と資源

6 工業地帯

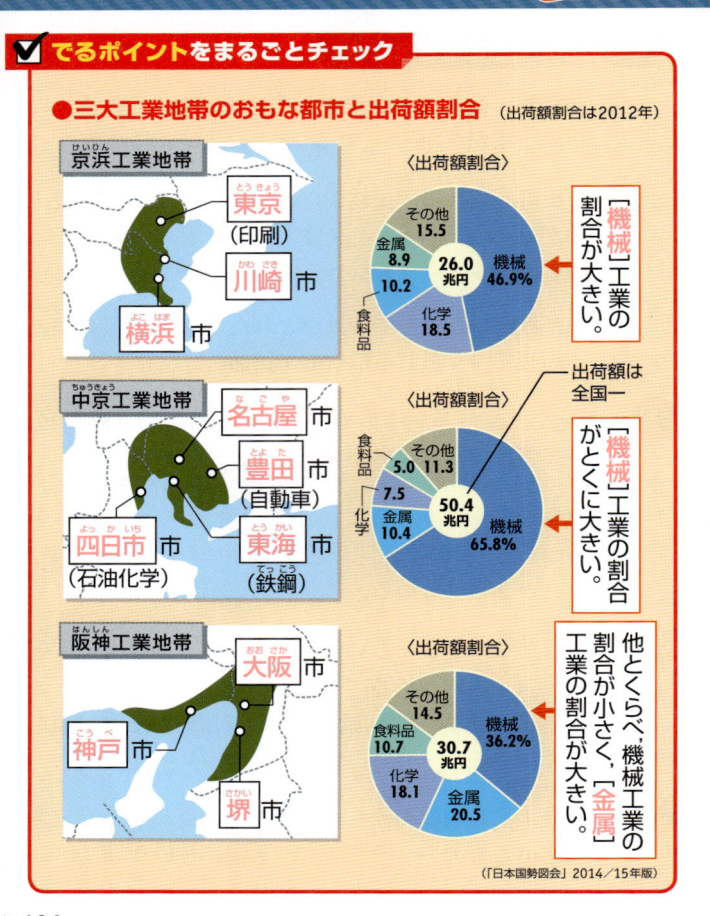

でる度 ★★★

✓ でるポイントをまるごとチェック

●三大工業地帯のおもな都市と出荷額割合 （出荷額割合は2012年）

京浜工業地帯
- 東京（印刷）
- 川崎市
- 横浜市

〈出荷額割合〉 26.0兆円
- 機械 46.9%
- 化学 18.5
- 食料品 10.2
- 金属 8.9
- その他 15.5

→ [機械]工業の割合が大きい。

中京工業地帯
- 名古屋市
- 豊田市（自動車）
- 四日市市（石油化学）
- 東海市（鉄鋼）

〈出荷額割合〉 50.4兆円 — 出荷額は全国一
- 機械 65.8%
- 化学 10.4
- 金属 7.5
- 食料品 5.0
- その他 11.3

→ [機械]工業の割合がとくに大きい。

阪神工業地帯
- 大阪市
- 神戸市
- 堺市

〈出荷額割合〉 30.7兆円
- 機械 36.2%
- 金属 20.5
- 化学 18.1
- 食料品 10.7
- その他 14.5

→ 他とくらべ、機械工業の割合が小さく、[金属]工業の割合が大きい。

（「日本国勢図会」2014／15年版）

入試のツボ 中京工業地帯は自動車工業が発達しており、機械工業の割合が高い！

重要ポイント攻略編

でる問題でさらにおさえよう！

でる! □〔京浜〕工業地帯の東京では、雑誌などをつくる〔印刷〕業が発達している。

でる! □中京工業地帯では、豊田市の〔自動車〕工業を中心とする〔機械〕工業の割合がとくに大きい。

□三大工業地帯のうち、最も出荷額が多いのは〔中京〕工業地帯である。

□三大工業地帯のうち、金属工業の出荷額の割合が最も高いのは〔阪神〕工業地帯である。

□阪神工業地帯の中心は、大阪市や〔神戸〕市、堺市などである。

□京浜工業地帯や阪神工業地帯は、臨海部には重化学工業の大工場が立ち並ぶが、内陸部には〔中小〕工場が多い。

Pポイント 大工場の下うけを行う関連工場〔協力工場〕が多い。

でる順 4位 日本の工業と資源

7 工業地域

でる度 ★★

✓ でるポイントをまるごとチェック

●おもな工業地域

北陸工業地域
伝統工業をもとに発達,化学工業がさかん

関東内陸〔北関東〕工業地域
電気機器・自動車などの[機械]工業がさかん

[太平洋]ベルト
工業地帯・工業地域が帯状につらなる地帯。

[東海]工業地域
[浜松]市で楽器・オートバイ,富士市でパルプ・製紙

北九州工業地域

[京葉]工業地域
千葉・市原・君津市などが中心,[石油化学]工業や鉄鋼業が発達

石油化学工業や鉄鋼業は,臨海部に発達するよ。

京浜工業地帯

中京工業地帯

阪神工業地帯

[瀬戸内]工業地域
[倉敷]市(水島地区)で石油化学・鉄鋼,福山市で鉄鋼,広島市で自動車

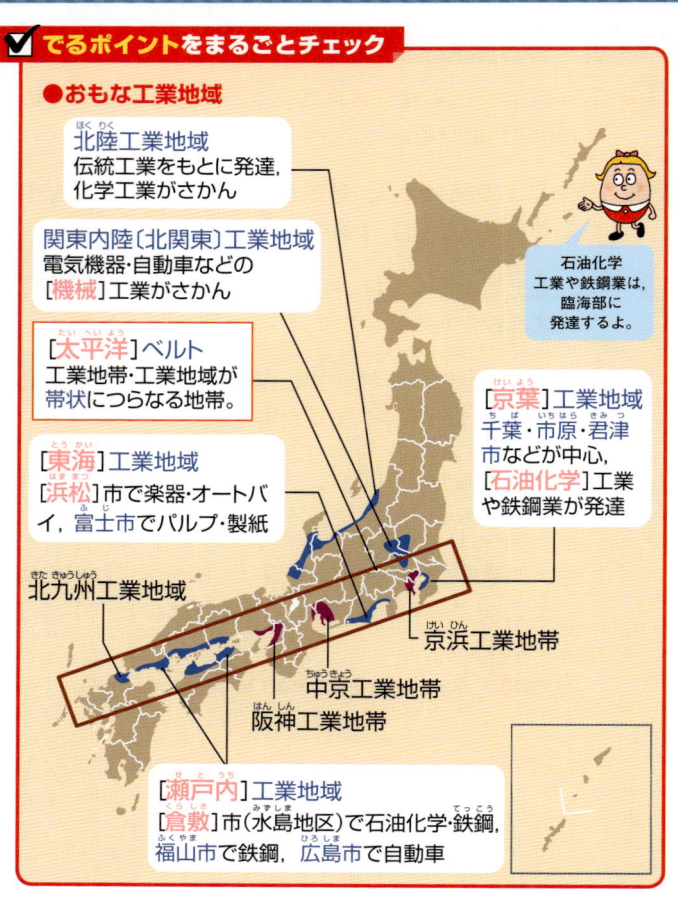

▶106

入試のツボ

太平洋ベルトにおもな工業地帯・地域が集中している！

重要ポイント攻略編

でる問題でさらにおさえよう！

でる! □ 南関東から北九州にかけて，工業地帯・工業地域がつらなる地帯を〔太平洋ベルト〕という。

でる! □ 瀬戸内工業地域では，〔化学〕工業のしめる割合が大きい。

でる! □ 瀬戸内工業地域の倉敷市水島地区では〔石油化学〕工業や鉄鋼業が発達している。

> **Pポイント** 海岸の埋立地に，水島コンビナートとよばれる一大工場群を形成している。

□ 東海工業地域は，東の〔京浜〕工業地帯と西の〔中京〕工業地帯の間に位置している。

□ 東京湾の〔千葉〕県側に発達した工業地域を京葉工業地域という。

□ 関東地方の内陸の3県には，自動車工業をはじめとする組み立て型の機械工業がさかんな〔関東内陸〔北関東〕〕工業地域が広がる。

□ 新潟県，富山県，石川県，福井県には，化学工業や金属工業，伝統工業がさかんな〔北陸〕工業地域が広がっている。

> **Pポイント** 豊富な雪解け水が工業用水として利用される。

でる順 5位 世界のすがた

1 世界の国々①

✓ でるポイントをまるごとチェック

●ヨーロッパ，アフリカ，アジア①

太平洋
インド洋
赤道
大西洋

①	[ロシア連邦]	面積は世界最大。針葉樹林帯が広い。
②	[イギリス]	世界で最初に産業革命を達成，「世界の工場」とよばれた。
③	[フランス]	EU〔ヨーロッパ連合〕最大の農業国。小麦の輸出国。
④	[ドイツ]	ヨーロッパ最大の工業国。1990年に東西統一。
⑤	[ギリシャ]	古代に文明が発達。2004年に夏季オリンピック開催。
⑥	[エジプト]	ナイル川流域に古代文明がおこった。
⑦	[サウジアラビア]	大部分が砂漠。原油の埋蔵量世界一。
⑧	[イラク]	2003年に始まった戦争で政権がたおれた。
⑨	[インド]	人口は約12億で，世界第2位。ヒンドゥー教徒が多い。
⑩	[中国]	人口は約14億で，世界一。長江・黄河が流れる。

入試のツボ 人口が世界一の国は中国，面積が世界一の国はロシア連邦！

重要ポイント攻略編

でる問題でさらにおさえよう！

でる! □世界で最も早く近代工業が発達した国は，〔**イギリス**〕である。

□サウジアラビアなど<u>西アジア諸国</u>の住民の大部分が信仰している宗教は〔**イスラム**〕教である。

🔊**知ットク** 西アジアは石油資源にめぐまれている。

でる! □人口が世界第1位の国は〔**中国**〕で，世界第2位は〔**インド**〕，第3位は<u>アメリカ合衆国</u>である。

□〔**ロシア連邦**〕は<u>世界最大の国</u>で，ユーラシア大陸の北半分の多くをしめている。

🔊**知ットク** 国土面積は日本の約45倍もある。天然ガスなどの鉱産資源にめぐまれている。

□ドイツは，EU〔ヨーロッパ連合〕最大の工業国。第二次世界大戦後，〔**ルール**〕地方を中心に重化学工業が発展した。

でる! □中国は，<u>外国資本導入</u>のために設置された〔**経済特区**〕を中心に工業発展がめざましい。

🔊**知ットク** 中国は2010年に国内総生産〔GDP〕で日本を追い抜き，アメリカ合衆国に次ぐ世界第2位の経済大国になった。

□<u>チューリップ</u>の生産などで知られる〔**オランダ**〕は，江戸時代の鎖国中も日本と貿易を行っていた。

でる順 5位 世界のすがた

2 世界の国々②

でる度 ★★★

✓ でるポイントをまるごとチェック

●アジア②, 南北アメリカ, オセアニア

太平洋　大西洋　赤道

❶ [大韓民国(韓国)]	日本のとなりの国。独自の文字をハングルという。
❷ [タイ]	米の輸出量が世界一。住民は熱心な仏教徒が多い。
❸ [インドネシア]	多くの島々からなる国で, 赤道が通っている。
❹ [オーストラリア]	日本の真南にある国。日本にとって, 重要な資源の輸入先。
❺ [ニュージーランド]	温和な気候の島国。羊の飼育がさかん。
❻ [カナダ]	面積は世界第2位。北極海沿岸は寒帯の気候。
❼ [アメリカ合衆国]	世界一の工業国で, 「世界の食料庫」。
❽ [ペルー]	アンデス山脈が走っている。かつてインカ帝国がさかえた。
❾ [ブラジル]	地球上で, 日本の反対側にある国。日系人も多く住む。

入試のツボ アメリカ合衆国と日本は，政治・経済などさまざまな面で関わりが深い！

重要ポイント攻略編

でる問題でさらにおさえよう！

□赤道周辺の島々からなる〔インドネシア〕は，石油や天然ガスが豊富で，人口は世界第4位である。

でる! □〔タイ〕は，東南アジアでただ1つ，第二次世界大戦前から独立をたもった国である。

> **知っトク** 東南アジアの大部分は欧米諸国の植民地になった。

□〔オーストラリア〕は大陸全体が1つの国で，日本との時差はほとんどないが，季節は日本と逆である。

□地球上で，日本の反対側に位置する国には，ブラジルや〔アルゼンチン〕などがある。

□カナダは面積が世界第〔2〕位，アメリカ合衆国は第3位である。

□朝鮮半島は，北緯〔38〕度線付近を境に，北の朝鮮民主主義人民共和国〔北朝鮮〕と南の〔大韓民国〔韓国〕〕に分かれる。

> **知っトク** 日本は北朝鮮と正式な国交を結んでいない。

でる! □アメリカ合衆国の農業は，〔機械化〕が進み，大規模で企業的な農業が行われており，農産物を安い費用で大量に生産している。

でる順 5位 世界のすがた

3 世界の都市

でる度 ★★★

✓ でるポイントをまるごとチェック

●おもな都市（●は首都）

パリ(フランス)
モスクワ(ロシア連邦)
サンフランシスコ(アメリカ合衆国)
ペキン(中国)
オタワ(カナダ)
ワシントンD.C.(アメリカ合衆国)
カイロ(エジプト)
ニューデリー(インド)
キャンベラ(オーストラリア)
ブエノスアイレス(アルゼンチン)
赤道

❶	[ロンドン]	イギリス。0度の経線が通る。2012年にオリンピック開催。
❷	[ベルリン]	ドイツ。1991年に東西ドイツの首都になる。
❸	[アテネ]	ギリシャ。2004年にオリンピック開催。
❹	[バグダッド]	イラク。2003年に戦争がおこった。
❺	[バンコク]	タイ。米などの輸出港。
❻	[ジャカルタ]	インドネシア。ジャワ島にある。
❼	[シドニー]	オーストラリア最大の都市。貿易港。
❽	[シャンハイ]	中国最大の商業都市。
❾	[ソウル]	大韓民国。人口約1000万人。
❿	[ロサンゼルス]	アメリカ合衆国の太平洋岸最大の都市。
⓫	[ニューヨーク]	アメリカ合衆国最大の都市。国際連合の本部。
⓬	[ブラジリア]	ブラジル。計画的につくられた都市。
⓭	[リオデジャネイロ]	ブラジル。2016年にオリンピック開催予定。

入試のツボ

おもな国の首都から覚えていこう！

重要ポイント攻略編

でる問題でさらにおさえよう！

でる! □リオデジャネイロ，パリ，カイロのうち，南半球にある都市は〔リオデジャネイロ〕である。

□モスクワ，ペキン，ニューヨークのうち，最も緯度が高いのは〔モスクワ〕である。

□ジャカルタ，バンコク，ニューデリーのうち，島にある都市は〔ジャカルタ〕である。

□〔イラク〕の首都はバグダッドである。

でる! □かつて東西に分断されていたドイツは1990年に統一され，翌年，〔ベルリン〕がドイツの首都になった。

Pポイント 冷たい戦争〔冷戦〕の時代，壁で東西が隔てられていた。

□2008年のオリンピック夏季大会は中国の〔ペキン〕で，2012年のオリンピック夏季大会はイギリスの〔ロンドン〕で開催された。

□〔オーストラリア〕のキャンベラや，ブラジルのブラジリアは，計画的に建設された首都である。

でる順 5位 世界のすがた

4 世界の地形

でる度 ★★

✓ でるポイントをまるごとチェック

●六大陸とおもな山脈，川，砂漠

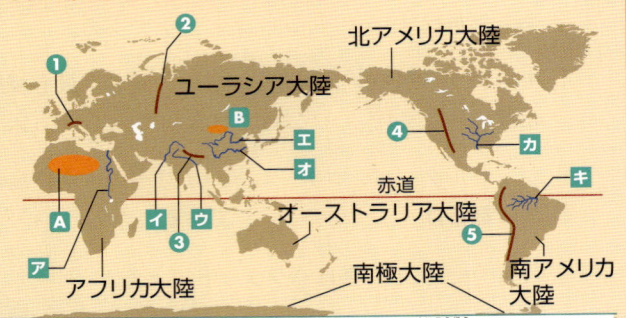

1	[アルプス] 山脈	スイス・イタリアの国境。最高峰はモンブラン山。
2	[ウラル] 山脈	ヨーロッパとアジアを分ける山脈。
3	[ヒマラヤ] 山脈	世界最高峰のエベレスト山がある。
4	[ロッキー] 山脈	多くの国立公園が設けられている。
5	[アンデス] 山脈	多くの高山都市が発達している。
ア	[ナイル] 川	世界最長の川。流域にエジプト文明が栄えた。
イ	[インダス] 川	流域にインダス文明が栄えた。
ウ	[ガンジス] 川	ヒンドゥー教徒にとって「聖なる川」とされている。
エ	[黄河]	乾燥地域を流れ，流域には黄土が広がる。
オ	[長江]	中国で最も長い川で，世界第3位の長流。
カ	[ミシシッピ] 川	長さと流域面積は世界第4位。
キ	[アマゾン] 川	流域面積は世界最大。流域に熱帯雨林が広がる。
A	[サハラ] 砂漠	世界最大の砂漠。砂漠の拡大(砂漠化)がつづいている。
B	[ゴビ] 砂漠	中国とモンゴルにまたがる砂漠。

入試のツボ

川の長さは、ナイル川が世界第1位。
アマゾン川が世界第2位！

重要ポイント攻略編

でる問題でさらにおさえよう！

でる! □六大陸のうち、面積が一番広いのは〔ユーラシア〕大陸である。

でる! □南アメリカ大陸の太平洋側に〔アンデス〕山脈、北アメリカ大陸の太平洋側に〔ロッキー〕山脈がある。

□ヨーロッパの〔アルプス〕山脈と、アジアにある〔ヒマラヤ〕山脈は、世界的に大規模なけわしい山地帯の一部である。

□世界で最も長い川は、流域で古代エジプト文明が栄えた〔ナイル〕川で、第2位はアマゾン川、第3位は長江である。

□南アメリカ大陸の〔アマゾン〕川は流域面積が世界最大で、広大な熱帯雨林がある。

□アフリカ大陸北部の〔サハラ〕砂漠は世界最大の砂漠である。

□モンゴルと中国にまたがる〔ゴビ〕砂漠の砂などが、風で日本まで運ばれる黄砂現象は、環境問題となっている。

でる順 5位 世界のすがた

5 世界の気候 でる度 ★★

✓ でるポイントをまるごとチェック

●世界の気候帯の分布と特色

[冷(亜寒)]帯
モスクワ（年平均気温 5.8℃／年降水量 706.5mm）
夏と冬の気温差が大きい

[寒]帯
ディクソン（年平均気温 -11.1℃／年降水量 383.6mm）
1年の大半が氷雪におおわれる

[温]帯
シャンハイ（年平均気温 17.1℃／年降水量 1157.0mm）
冬も温和で四季がある

[熱]帯
マナオス（年平均気温 27.0℃／年降水量 2323.6mm）
年中高温。赤道近くの気候

地図：ディクソン、モスクワ、アテネ、シャンハイ、リヤド、マナオス、シドニー／北回帰線、赤道、南回帰線
凡例：熱帯／乾燥帯／温帯／冷(亜寒)帯／寒帯

[地中海]沿岸の温帯
アテネ（年平均気温 18.8℃／年降水量 375.3mm）
夏は乾燥し、冬でも温和

[乾燥]帯
リヤド（年平均気温 26.6℃／年降水量 139.5mm）
年中、降水量が少ない

[南]半球の温帯
シドニー（年平均気温 18.2℃／年降水量 1032.5mm）
北半球とは季節が逆になる

(気象庁)

入試のツボ
赤道周辺は熱帯，内陸部と回帰線周辺は乾燥帯が広がっている！

重要ポイント攻略編

でる問題でさらにおさえよう！

でる! □夏と冬で反対の方向から吹く風を〔**季節風〔モンスーン〕**〕という。

でる! □**中緯度地域**で，年中西から吹く風を〔**偏西風**〕という。

□大陸の内陸部は，海の近くにくらべ，夏と冬の気温の差が〔**大き**〕い。

□**赤道周辺に分布する気候帯は，1年じゅう高温で，年降水量が多い**〔**熱**〕帯である。

□内陸部と回帰線周辺には，ほとんど雨が降らず，**砂漠や草原が広がる**〔**乾燥**〕帯が分布している。

□〔**冷〔亜寒〕**〕帯は，〔**北**〕半球の高緯度地域に分布している。

□北極海沿岸の気候帯は1年じゅう寒さがきびしい〔**寒**〕帯である。

でる! □ユーラシア大陸の西側は，〔**暖流**〕と**偏西風**の影響で高緯度のわりに温暖な気候である。

Pポイント イギリスのロンドンや，フランスのパリなどは，日本の北端よりも高緯度にある。

でる順 5位 世界のすがた

6 アメリカ合衆国　でる度 ★★★

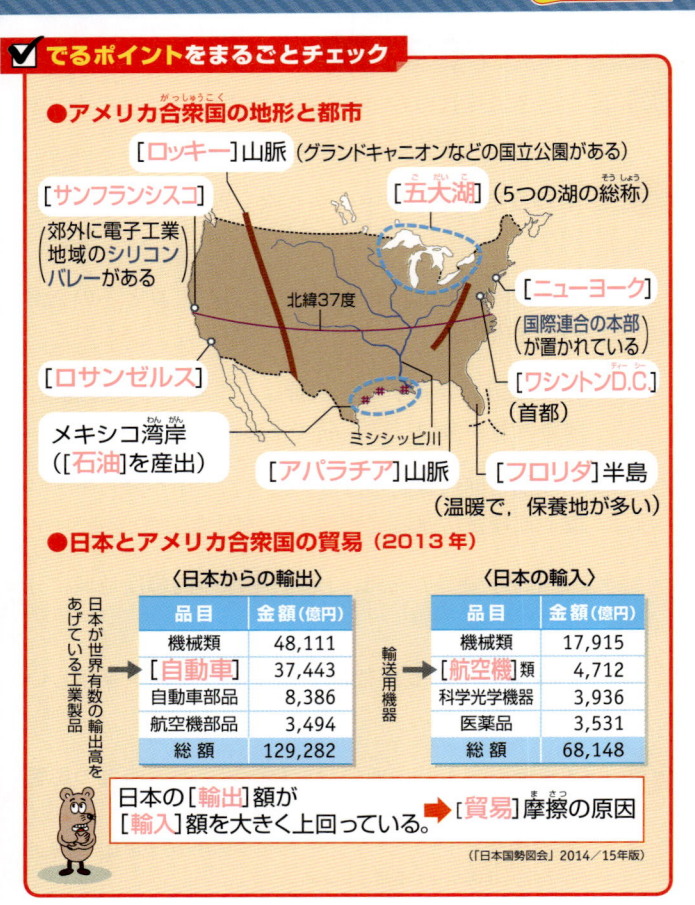

✓ でるポイントをまるごとチェック

●アメリカ合衆国の地形と都市

- [ロッキー]山脈（グランドキャニオンなどの国立公園がある）
- [サンフランシスコ]　郊外に電子工業地域のシリコンバレーがある
- [五大湖]（5つの湖の総称）
- 北緯37度
- [ニューヨーク]（国際連合の本部が置かれている）
- [ロサンゼルス]
- ミシシッピ川
- [ワシントンD.C.]（首都）
- メキシコ湾岸（[石油]を産出）
- [アパラチア]山脈
- [フロリダ]半島（温暖で、保養地が多い）

●日本とアメリカ合衆国の貿易（2013年）

日本が世界有数の工業製品をあげている工業製品

〈日本からの輸出〉

品目	金額（億円）
機械類	48,111
[自動車]	37,443
自動車部品	8,386
航空機部品	3,494
総額	129,282

輸送用機器

〈日本の輸入〉

品目	金額（億円）
機械類	17,915
[航空機]類	4,712
科学光学機器	3,936
医薬品	3,531
総額	68,148

日本の[輸出]額が[輸入]額を大きく上回っている。➡[貿易]摩擦の原因

（「日本国勢図会」2014／15年版）

入試のツボ

アメリカ合衆国は世界最大の工業国で、面積が日本の約25倍、人口は2倍以上！

重要ポイント攻略編

でる問題でさらにおさえよう！

□アメリカ合衆国は、18世紀に〔イギリス〕から独立。50州からなる。

□国内で人口最大の都市は〔ニューヨーク〕で、世界経済の中心である。

ミス注意 首都はワシントンD.C.。

でる! □アメリカ合衆国では、近年、中・南アメリカから移住し、〔スペイン〕語を話すヒスパニックとよばれる人々が増えている。

知ットク アメリカ合衆国は多民族で構成されるため「民族のサラダボウル」といわれる。先住民は、アメリカインディアンなど。

でる! □アメリカ合衆国では大規模な農業経営が行われており、パンの原料の〔小麦〕やとうもろこしなどの輸出量は世界一である。

でる! □アメリカ合衆国の北緯37度以南は〔サンベルト〕とよばれ、ハイテク産業が発達している。

Pポイント 日照時間が長く、温暖な地域。

でる! □サンフランシスコの郊外には、情報技術産業の集積地である〔シリコンバレー〕がある。

119

でる順 5位 世界のすがた

7 ヨーロッパ

✓ でるポイントをまるごとチェック

● ヨーロッパの地形

- [スカンディナビア] 半島
- [0] 度の経線（イギリスの首都ロンドンを通る）
- [ライン] 川（アルプス山脈から流れ出る）
- [北] 海（海底油田がある）
- 大西洋
- [アルプス] 山脈（スイス・イタリアの国境）
- [ユーロ] トンネル（イギリスとフランスを結んでいる）
- [地中] 海（沿岸は温暖な気候）

● おもな国

- ノルウェー
- スウェーデン
- [オランダ]（首都アムステルダム）
- [ドイツ]（首都ベルリン）
- [イギリス]（首都ロンドン）
- [スイス]（首都ベルン）
- ベルギー
- [フランス]（首都パリ）
- [イタリア]（首都ローマ）
- ポルトガル
- [スペイン]（首都マドリード）
- [ギリシャ]（首都アテネ）

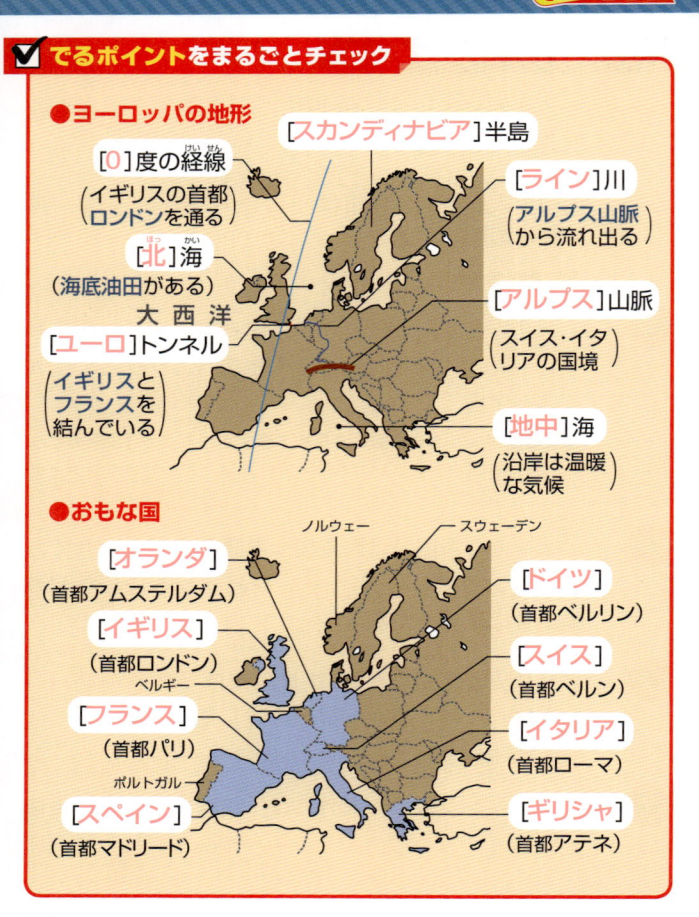

▶120

入試のツボ EUは,アメリカ合衆国や日本に対し経済的に肩を並べられるよう結成された!

重要ポイント攻略編

でる問題でさらにおさえよう!

でる! □ヨーロッパの多くの国が加盟している**ヨーロッパ連合**の略称は〔**EU**〕で,共通通貨は〔**ユーロ**〕である。
  🎧**知ットク** 加盟国数は28か国(2014年7月現在)。

□**ライン川**は〔**アルプス**〕山脈から流れ出て,いくつもの国を流れ,〔**北海**〕に注いでいる。
  🎧**知ットク** ライン川やドナウ川のように,複数の国を流れ,各国が共同で管理している川を,国際河川という。

でる! □ドイツは,ヨーロッパを代表する工業国。**ライン川中流域**には〔**ルール**〕工業地域がある。

でる! □**地中海沿岸**は,ぶどう・〔**オリーブ**〕などの果樹栽培がさかんである。

□イタリアの首都〔**ローマ**〕には,**世界最小の国**〔**バチカン市国**〕がある。

□ベルンを首都とする内陸国の〔**スイス**〕は,ヨーロッパ連合に加盟していない。
  Pポイント 永世中立国である。

でる順 5位 世界のすがた

8 アジア

でる度 ★★★

✓ でるポイントをまるごとチェック

●アジアの自然

[ヒマラヤ]山脈
（世界最高峰のエベレスト山がある）

[インダス]川
（古代文明がさかえた）

[ペルシア]湾
（湾岸は世界最大の石油の産出地）

[ガンジス]川
（インド東部を流れる）

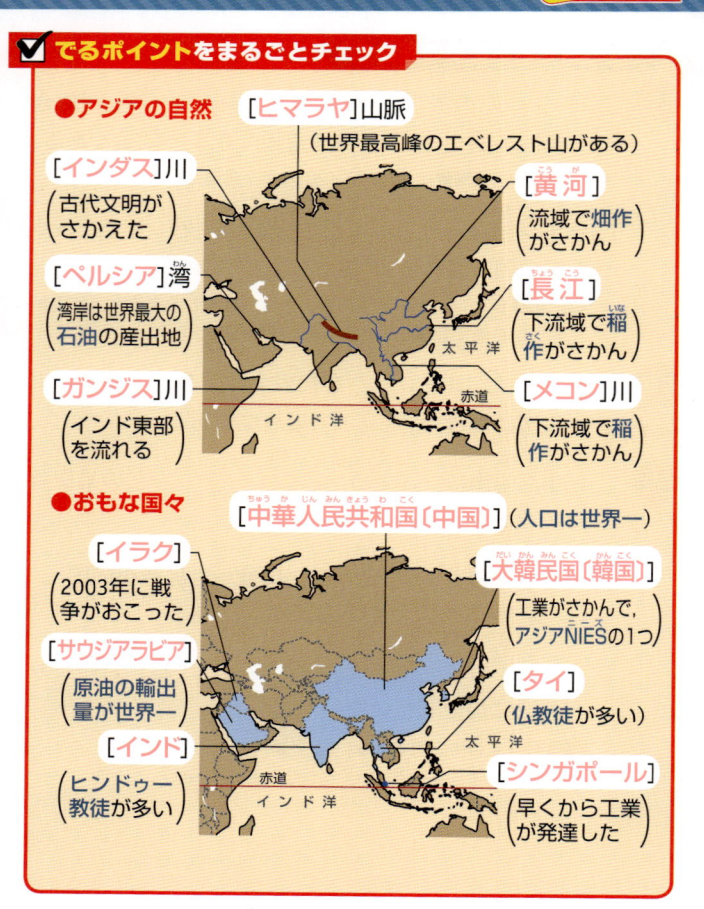

[黄河]
（流域で畑作がさかん）

[長江]
（下流域で稲作がさかん）

[メコン]川
（下流域で稲作がさかん）

●おもな国々

[中華人民共和国〔中国〕]（人口は世界一）

[イラク]
（2003年に戦争がおこった）

[サウジアラビア]
（原油の輸出量が世界一）

[インド]
（ヒンドゥー教徒が多い）

[大韓民国〔韓国〕]
（工業がさかんで、アジアNIESの1つ）

[タイ]
（仏教徒が多い）

[シンガポール]
（早くから工業が発達した）

入試のツボ 中国は人口が世界一。韓国は工業が発達！

重要ポイント攻略編

でる問題でさらにおさえよう！

でる! □中国は，人口の約90％以上を占める〔漢族〔漢民族〕〕と50以上の少数民族がくらす，多民族国家である。

□中国の南部では〔稲〕作，北部では〔畑〕作がさかんである。

でる! □米や小麦の生産量が世界一の国は，〔中華人民共和国〔中国〕〕である。

　🔍知っトク　米と小麦の生産量が世界第２位の国は，インド。

でる! □中国は1979年以降，沿岸部に〔経済特区〕を設け，外国企業の進出により経済的発展をとげた。

でる! □韓国やシンガポール，台湾，ホンコンは，急速に工業が発達した国や地域で，アジア〔ＮＩＥＳ〔新興工業経済地域〕〕とよばれている。

□人口が世界で４番目に多い東南アジアの島国は〔インドネシア〕である。

でる! □西アジアの〔ペルシア〕湾沿岸は，世界最大の油田地帯である。

□西アジアの大部分の人々は，〔イスラム〕教を信仰している。

でる順 5位 世界のすがた

⑨ オーストラリア

でる度 ★★★

✓ でるポイントをまるごとチェック

●オーストラリアの自然と産業

東経[135]度の経線　兵庫県明石市を通る経線

[羊]の放牧がさかん。オーストラリアの牧畜の中心

[砂漠]が広がっている。内陸部は乾燥帯の気候

[温]帯の気候。南部・東部はしのぎやすい気候

[シドニー] オーストラリア最大の都市

[キャンベラ] 首都

●オーストラリアの輸出相手国

2012年
- 中国 29.5%
- 日本 19.3
- 韓国 8.0
- インド 4.9
- その他 38.3

●オーストラリアの日本への輸出品

2013年
- 石炭 29.8%
- 液化天然ガス 27.2
- 鉄鉱石 19.9
- 肉類 3.2
- その他 19.9

[アジア]の国々のしめる割合が大きい。中国に次ぐ輸出相手国は[日本]

(「日本国勢図会」2014／15年版)

入試のツボ オーストラリアは日本の真南にある国。日本へは石炭・鉄鉱石（てっこうせき）などを輸出！

重要ポイント攻略編

でる問題でさらにおさえよう！

□オーストラリアは日本の〔**真南**〕に位置し，日本との時差はほとんどない。

でる! □オーストラリアは〔**南**〕半球にあり，**日本とは季節が逆**である。

□オーストラリアは〔**イギリス**〕から独立した国である。

でる! □〔**アボリジニ**〕は，オーストラリアにもともと住んでいた人々である。

でる! □オーストラリアは日本にとって，鉱産資源の〔**石炭**〕と**鉄鉱石**（てっこうせき）の最大の輸入相手国である。

> **Pポイント** 日本はオーストラリアから液化天然ガスや原油も多く輸入している。

□温暖で雨が多い**東部**の南側では，〔**小麦**〕栽培（さいばい）がさかん。

□オーストラリアは〔**牧羊**〕（ぼくよう）がさかんで，世界有数の羊毛輸出国である。

でる順 6位 日本の貿易・運輸・交通

1 貿易

でる度 ★★★

✅ でるポイントをまるごとチェック

● **日本の輸出品の変化**

[せんい品] 綿織物や生糸など

[機械類] 電気機器やコンピュータなど

[自動車] 日本の輸出台数は世界有数

輸出 1934～36年平均: その他 33.8、せんい品 57.6%、鉄鋼 2.6、魚介類 2.9、機械類 3.1

2013年: その他 38.3、機械類 36.4%、自動車 14.9、鉄鋼 5.4、自動車部品 5.0

● **日本の輸入品の変化**

[せんい原料] 綿花や羊毛など

[石油] 大部分が西アジア諸国から輸入

[機械類] 電気機器やコンピュータなど

輸入 1934～36年平均: その他 45.4、せんい原料 39.8%、肥料 4.4、鉄鋼 4.5、石油 6.2

2013年: その他 45.1、石油 20.9%、機械類 20.0、液化ガス 10.0、衣類 4.0

● **日本の貿易相手国（2013年）**

輸出: アメリカ合衆国 18.5 ／ 中国 18.1% ／ 韓国 7.9 ／ 台湾 5.8 ／ その他 49.7

輸入: 中国 21.7% ／ アメリカ合衆国 8.4 ／ オーストラリア 6.1 ／ サウジアラビア 6.0 ／ その他 57.8

[アジア]の国・地域のしめる割合が大きい

[中国]との貿易額が最も大きい

（「日本国勢図会」2014／15年版ほか）

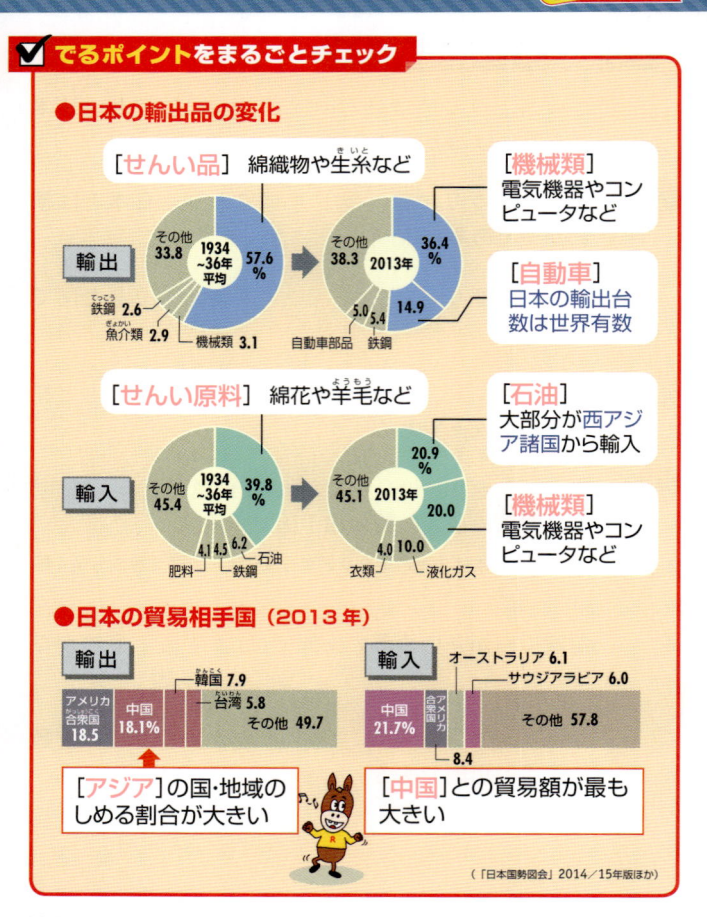

入試のツボ 輸出はアメリカ合衆国，輸入は中国が最大の相手国。中国の発展に注目！

重要ポイント攻略編

でる問題でさらにおさえよう！

でる！ □日本ではかつて，原料や燃料を輸入し，工業製品を生産して輸出する〔加工〕貿易がさかんであった。
  🎧**知ットク** 現在は工業製品の輸入も増えている。

□輸出品は，第二次世界大戦前は〔せんい品〕が最も多く，現在は〔機械類〕に次いで〔自動車〕が多い。

□輸入品は，第二次世界大戦前は〔せんい原料〕が最も多く，現在は〔石油〕と〔機械類〕が多い。

□日本のせんい製品や自動車，半導体などの輸出が増えすぎたことから，アメリカ合衆国などとの間で〔貿易〕摩擦がおこった。
  Pポイント 日本は輸出を自主規制したり，現地生産を増やすなどして対応した。

でる！ □日本の最大の貿易相手国は，アメリカ合衆国から〔中国〕に変わっている。

でる！ □近年，工業が発展している〔アジア〕の国々から機械類の輸入が多くなっている。

でる！ □日本の最大の原油〔石油〕の輸入相手国である西アジアの〔サウジアラビア〕は，日本の輸入相手国の上位5位以内にふくまれる。

でる順 6位 日本の貿易・運輸・交通

2 運輸

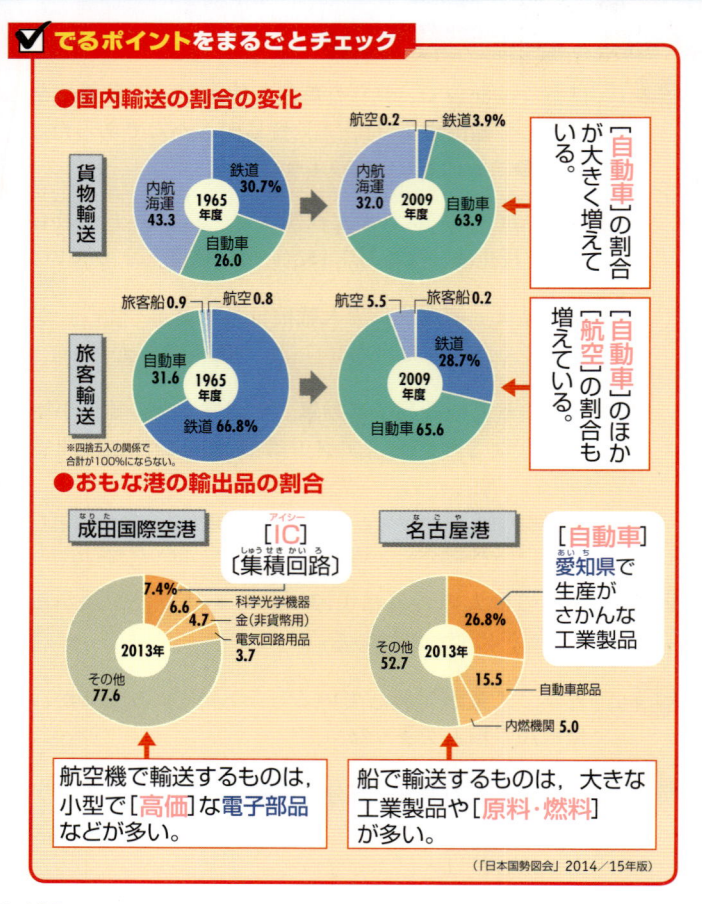

でる度 ★★★

✓ でるポイントをまるごとチェック

●**国内輸送の割合の変化**

貨物輸送
- 1965年度: 内航海運 43.3、鉄道 30.7%、自動車 26.0
- 2009年度: 航空 0.2、鉄道 3.9%、内航海運 32.0、自動車 63.9

→ [自動車]の割合が大きく増えている。

旅客輸送
- 1965年度: 旅客船 0.9、航空 0.8、自動車 31.6、鉄道 66.8%
- 2009年度: 航空 5.5、旅客船 0.2、鉄道 28.7%、自動車 65.6

※四捨五入の関係で合計が100%にならない。

→ [自動車]のほか[航空]の割合も増えている。

●**おもな港の輸出品の割合**

成田国際空港 2013年
- [IC]〔集積回路〕 7.4%
- 科学光学機器 6.6
- 金(非貨幣用) 4.7
- 電気回路用品 3.7
- その他 77.6

航空機で輸送するものは、小型で[高価]な電子部品などが多い。

名古屋港 2013年
- [自動車] 26.8%
- 自動車部品 15.5
- 内燃機関 5.0
- その他 52.7

[自動車] 愛知県で生産がさかんな工業製品

船で輸送するものは、大きな工業製品や[原料・燃料]が多い。

(「日本国勢図会」2014／15年版)

入試のツボ 自動車輸送が大きく増加。航空機輸送は電子部品が多い！

重要ポイント攻略編

でる問題でさらにおさえよう！

でる！ □現在，国内の貨物と旅客の輸送量が最も多いのは，〔自動車〕である。

Pポイント 高速道路網が整備されたこともあり，輸送量を伸ばした。

□家の戸口まで荷物を運ぶ〔宅配便〕の発達などにより，自動車による貨物輸送量が大きく増えた。

でる！ □航空貨物の中で最も割合が大きいのは，〔IC〔集積回路〕〕などの電子部品である。

でる！ □輸送費用は高いが，輸送〔時間〕が最も短く，水産物や花などの生鮮品や，小型・軽量の工業製品の輸送に利用されるのは，〔航空〕である。

□国内航空路線の中で，旅客輸送量が最も多いのは，東京と〔札幌〕を結ぶ路線である。

□国際線の乗降客数が最も多い空港は，〔成田国際空港〕である。

でる！ □船には，石油などを運ぶ〔タンカー〕や荷物の積み下ろしに便利な〔コンテナ〕船などがある。

でる順 6位 日本の貿易・運輸・交通

3 交通

でる度 ♛♛♛

✓ でるポイントをまるごとチェック

●おもな交通

- 道央自動車道
- 秋田新幹線
- 山形新幹線
- 関越自動車道
- 北海道新幹線
- 長野新幹線
- 中央自動車道
- 北陸新幹線
- 九州新幹線
- 東北自動車道
- 九州自動車道

〈本州四国連絡橋〉
3つのルートで建設された
① [明石] 海峡大橋
② [瀬戸] 大橋
③ [(瀬戸内)しまなみ] 海道

明石 ① / 倉敷 / 児島 ② / 坂出 / 尾道 / 今治 ③ / 鳴門

新幹線	①	[東北] 新幹線	東京と青森を結ぶ。東北地方の工業の発展に大きな役割をはたしている。
	②	[上越] 新幹線	東京と新潟を結ぶ。スキーなど観光客の利用も多い。
	③	[東海道・山陽] 新幹線	最初に完成した新幹線。終着駅は博多。
高速道路	A	[東名] 高速道路	東海道新幹線にそって走っている。
	B	[名神] 高速道路	日本で最初に完成した高速道路。
	C	[中国自動車道]	中国山地にそって走っている。

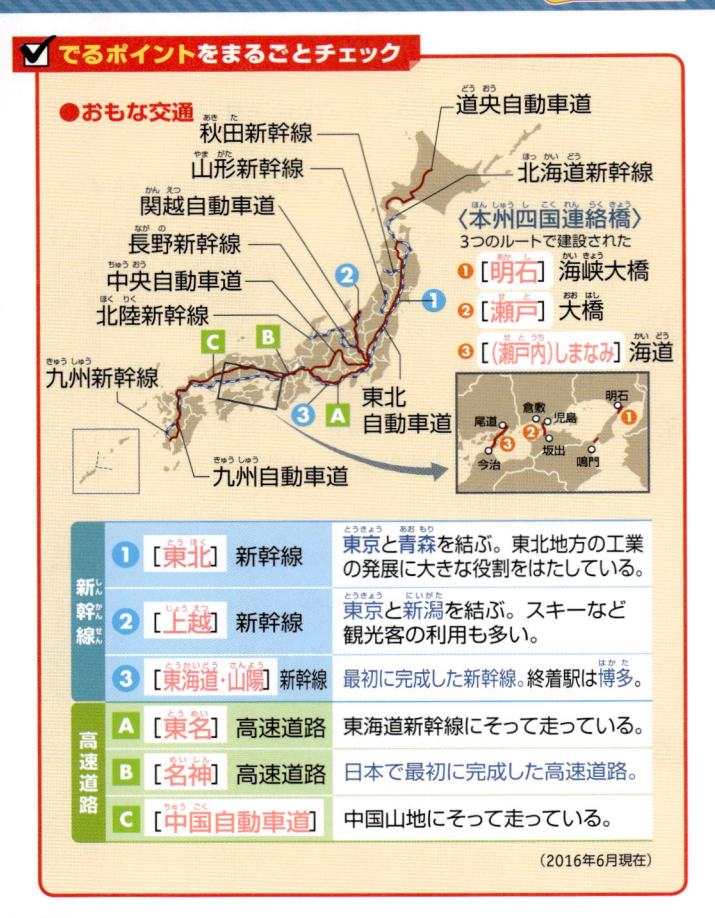

(2016年6月現在)

入試のツボ

本州四国連絡橋は、瀬戸大橋など3つのルートをおさえよう！

重要ポイント攻略編

でる問題でさらにおさえよう！

□東北新幹線は、2010年に東京駅から〔新青森〕駅まで開通した。

□東海道・山陽新幹線の発着駅は東京駅と〔博多〕駅である。

□博多駅（福岡県）と〔鹿児島中央〕駅を結ぶ九州新幹線は、2011年に全線開業した。

□東京都と青森県を結ぶ〔東北〕自動車道の完成により、沿線に多くの工場が進出した。

でる！ □本州四国連絡橋のうち、最初に完成したのは〔瀬戸大橋〕である。
  Pポイント 上を車、下を鉄道が走る鉄道道路併用橋。

□（瀬戸内）しまなみ海道は、広島県の〔尾道〕市と愛媛県の〔今治〕市を結んでいる。

でる！ □空港の周辺には〔ＩＣ〔集積回路〕〕工場などが進出している。

でる！ □自動車輸送を船舶・鉄道輸送にかえるなどの、輸送手段の転換を〔モーダルシフト〕とよぶ。
  Pポイント 交通渋滞の解消や二酸化炭素の排出量・大気汚染の削減などが期待される。

でる順 7位 環境問題

1 公害

でる度 ♛♛♛

✓ でるポイントをまるごとチェック

●各地のおもな公害（ ☐ ＝四大公害）

[イタイイタイ]病
神通川流域。鉱山から出たカドミウムによる汚染が原因。

[新潟(第二)水俣]病
阿賀野川流域。化学工場から出た有機水銀による汚染が原因。

[地盤沈下]
大阪湾岸など。地下水のくみ上げすぎが原因。

[四日市ぜんそく]
四日市市。石油化学コンビナートのばい煙による大気汚染が原因。

[赤潮]の発生
工場廃水や生活排水により、プランクトンが異常発生することが原因。

[水俣]病
八代海周辺。化学工場から出た有機水銀による汚染が原因。

入試のツボ
四大公害病は、水俣病、新潟水俣病、イタイイタイ病、四日市ぜんそく！

重要ポイント攻略編

でる問題でさらにおさえよう！

□ 水俣病は、化学工場から出た有害な物質により、〔海水〕が汚染されておこった。

Pポイント 水俣病は、有機水銀によって体の神経がおかされる病気。

□ 2013年、〔水銀〕による健康被害を防ぐため、その生産やそれを使用した製品の製造、貿易を規制する水俣条約が結ばれた。

□ イタイイタイ病は、神岡鉱山から出た〔カドミウム〕が〔神通〕川に流れこんで発生した。

Pポイント イタイイタイ病は骨がもろくなり、折れやすくなる病気。患者が「痛い痛い」と苦しんだことから命名された。

でる！ □ 四大公害は、水俣病、イタイイタイ病のほか、〔新潟(第二)水俣〕病、〔四日市ぜんそく〕。

でる！ □ 琵琶湖や瀬戸内海では、〔赤潮〕やアオコの発生により、漁業が被害を受けることがある。

□ 公害のうち、苦情が最も多いのは〔大気〕汚染で、工事などの〔そう音〕がこれに次いで多い。

でる！ □ 1993年に、それまでの公害対策基本法にかわって、〔環境基本法〕が制定された。

でる順 7位 環境問題

2 地球全体の問題

✓ でるポイントをまるごとチェック

●環境破壊がおこるしくみ

[地球温暖]化のしくみ
（地球の気温が上昇する）

[二酸化炭素]が地球を包み温室のようなはたらきをする。

[酸性]雨が降るしくみ
（酸性度の強い雨）

森林や湖，建物などに被害を与える。

●環境破壊がとくに進んでいる地域

[酸性]雨 … ヨーロッパや北アメリカなど工業の発達している地域で被害が多い。

[熱帯林]の減少
熱帯地域。開発により森林が減少している。

[砂漠]化 … サハラ砂漠南部など。木材のばっさいなどにより、あれ地が増加している。

入試のツボ
地球温暖化や，酸性雨，熱帯林の減少などの環境問題をおさえよう！

重要ポイント攻略編

でる問題でさらにおさえよう！

でる! □石油や石炭の燃焼による〔二酸化炭素〕の増加は，地球温暖化の原因の1つと考えられている。

□有害な物質が雨にとけて降る〔酸性雨〕は，森林をからすなどの被害をもたらす。

でる! □フロンガスの影響で〔オゾン〕層が破壊されると，紫外線により，人体に害が出るおそれがある。

□アフリカの〔サハラ〕砂漠南部では，日でりの害や家畜を増やしすぎたり，木材を切りすぎたりしたことが原因で，〔砂漠〕化が進んでいる。

□熱帯の気候であるアマゾン川流域では，開発のために広大な〔熱帯林〕が失われた。

でる! □1992年，ブラジルで開かれた国連環境開発会議は〔地球サミット〕とよばれる。

でる! □1997年に地球温暖化防止京都会議が開かれ，先進工業国が二酸化炭素などの温室効果ガスの排出量を減らすことを決めた〔京都議定書〕が採択された。

□水鳥などの生息地として重要な湿地を守るための条約を〔ラムサール条約〕という。

でる順 7位 環境問題

3 世界遺産

でる度 ★★★

✓ でるポイントをまるごとチェック

●日本の世界遺産登録地 （2016年6月現在）

○⬭＝世界文化遺産
○⬭＝世界自然遺産

- [富岡製糸場]と絹産業遺産群(群馬県)
- 白川郷・五箇山の合掌造り集落(岐阜県，富山県)
- 古都[京都]の文化財(京都市，宇治市，滋賀県大津市)
- 知床(北海道)
- [石見銀山]遺跡とその文化的景観(島根県)
- [白神]山地(青森県，秋田県)
- [原爆]ドーム(広島市)
- [平泉]-仏国土(浄土)を表わす建築・庭園及び考古学的遺跡群(岩手県)
- [厳島]神社(広島県)
- 日光の社寺(日光市)
- [富士山]-信仰の対象と芸術の源泉(山梨県・静岡県)
- 古都[奈良]の文化財(奈良市)
- 法隆寺地域の仏教建造物(奈良県)
- [姫路]城(姫路市)
- 紀伊山地の霊場と参詣道(奈良県，和歌山県，三重県)
- [屋久]島(鹿児島県)
- [琉球]王国のグスクおよび関連遺産群(沖縄県)
- 小笠原諸島(東京都)

●は，明治日本の産業革命遺産-製鉄・製鋼，造船，石炭産業(山口県，福岡県，佐賀県，長崎県，熊本県，鹿児島県，岩手県，静岡県)

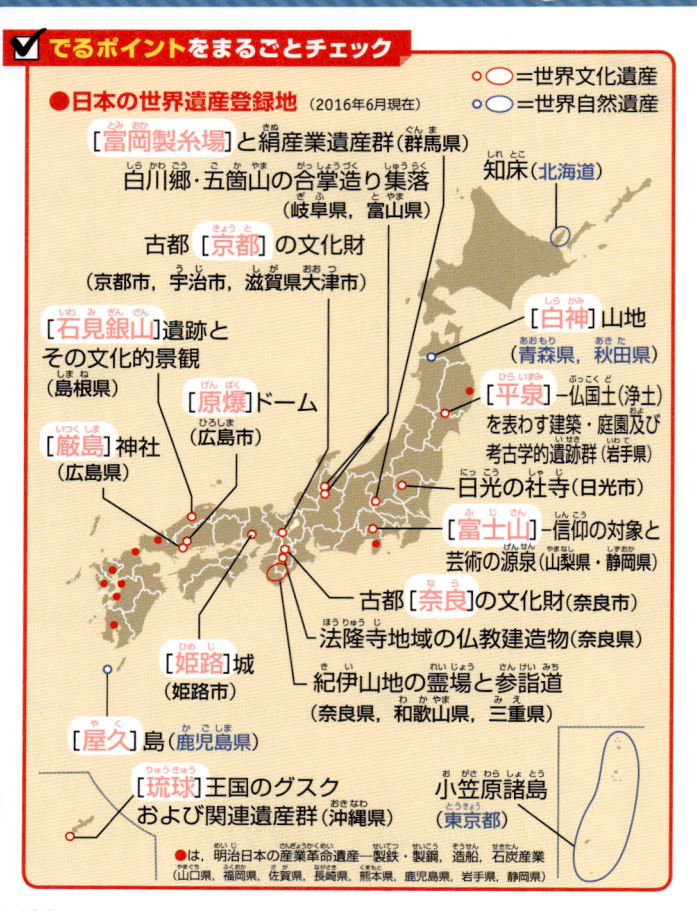

入試のツボ
世界遺産事業を進めているのは，国際連合のユネスコ！

重要ポイント攻略編

でる問題でさらにおさえよう！

でる! □世界遺産条約は，国際連合の専門機関である〔ユネスコ〕で採択された。

□世界遺産には，〔自然〕遺産と〔文化〕遺産，それにその両方の価値をそなえた複合遺産がある。

□白神山地は，〔ぶな〕の原生林が広がっている。

□屋久島は，〔縄文すぎ〕とよばれる樹齢数千年のすぎが名高い。

でる! □北海道の〔知床〕は，海から海岸，高山にかけての多様な生態系の価値が評価されて，世界自然遺産に登録されている。

□第二次世界大戦中，〔原子爆弾〕が投下された広島市では，原爆ドームが世界文化遺産に登録されている。

□〔姫路城〕は，白鷺城ともよばれ，美しい建築物として名高い。

□山梨県と静岡県にまたがる〔富士山〕は，2013年に世界文化遺産に登録された。

でる順 7位 環境問題

4 リサイクル

でる度 ★★

✓ でるポイントをまるごとチェック

● 循環型社会に必要なこと(「3つのR」)

リデュース 
「包装紙はいらないわ。」
ごみを[へら]す。
なるべくごみが出ないようにする。

リユース 
「これ、着ない?」
ものを[再使用]する。
一度使ったものをくり返して使う。

リサイクル 
資源として[再利用]する。
原材料の状態にもどして利用する。

● 環境を守るためのマーク

[エコ]マーク 
ちきゅうにやさしい
環境にやさしい製品についているマーク。日用品や文房具などについている。

[グリーン]マーク 
グリーンマーク
古紙を利用した製品についているマーク。

[ペット]ボトルについているマーク 
1 PET
分別収集してリサイクルができるようにするためのマーク。衣服などに再生される。

入試のツボ
リサイクルは，資源を大切にし，地球環境を守るために大切！

重要ポイント攻略編

でる問題でさらにおさえよう！

でる! □買い物のときに，包装紙やビニール袋をことわるなどして，<u>ごみをへらすこと</u>を〔**リデュース**〕という。

でる! □使わなくなったものを資源として<u>再利用</u>することを〔**リサイクル**〕という。

でる! □ものをくり返して使用（<u>再使用</u>）することを〔**リユース**〕という。

□<u>テレビや冷蔵庫</u>などのリサイクルを進めるために〔**家電リサイクル**〕法が定められている。

> **知ットク** あつかう製品は，テレビ，冷蔵庫・冷凍庫，洗濯機・衣類乾燥機，エアコン。

□飲み物などの容器に利用される〔**ペットボトル**〕は，<u>容器包装リサイクル法</u>によって，再利用が義務づけられている。

□使用済みの<u>携帯電話</u>や<u>デジタルカメラ</u>のリサイクルを進めるため，2013年から〔**小型家電リサイクル**〕法が施行された。

> **知ットク** 金や銅，レアメタル〔希少金属〕などの回収が目的。

でる! □リサイクルを進めて〔**循環**〕型社会をつくることが求められている。

でる順 8位 地図の見方

1 縮尺

でる度 ★★★

✓ でるポイントをまるごとチェック

● 2万5千分の1の縮尺の地形図

[縮尺]
実際の距離を地図上に縮めた割合。地形図上では、このように示されていることがある。

1:25000

地図から実際の距離を求めるには、
〈地図上の長さ×[縮尺]の分母〉を計算する。

例 2万5千分の1の地形図上で2cmの長さの実際の距離は、
2(cm)×[25000]= 50000(cm)
= [500](m)

● 上の2万5千分の1地形図と同じ範囲を示した5万分の1地形図

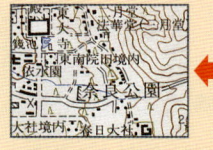

[5万]分の1地形図よりも、
[2万5千]分の1地形図のほうが、
実際のようすがくわしくわかる。

（地形図は、国土地理院発行2万5千分の1地形図「奈良」および5万分の1地形図「奈良」）

入試のツボ 縮尺は距離（面積ではない）を縮めた割合！

重要ポイント攻略編

でる問題でさらにおさえよう！

□2万5千分の1地形図や5万分の1地形図などは，国土交通省の〔国土地理院〕が発行している。

□実際の距離を地図上に縮めた割合を〔縮尺〕という。

□2万5千分の1地形図と5万分の1地形図のうち，土地のようすをよりくわしく見たいときは，〔2万5千分の1〕地形図を使う。

Pポイント より広い範囲を大まかに見たいときは，縮尺の小さい地形図を使う。

□地図から実際の距離を求める公式は，地図上の長さ×〔縮尺〕の分母。

でる！

□5万分の1地形図上で2cmの実際の距離は，
2（cm）× 50000 =〔100000〕(cm) =〔1000〕(m) となる。

ミス注意 単位に注意しよう！

□2万5千分の1地形図上での〔4〕cmの実際の距離は，1000mである。

141◀

でる順 8位 地図の見方

2 地図記号

✓ でるポイントをまるごとチェック

●建物・施設の地図記号

記号	名称	記号	名称
◎	市役所（東京都の区役所）	文	小・中学校
○	町・村役場（指定都市の区役所）	㊊	高等学校
〒	郵便局	☼	工場
⊗	警察署	〒	神社
⚹	裁判所	卍	寺院
Y	消防署	∴	史跡・名勝・天然記念物
⊕	病院	△	三角点
⊕	保健所	⊡	水準点

●土地利用の地図記号

記号	名称	記号	名称
‖‖	田	Q Q Q	広葉樹林
∨ ∨	畑	∧ ∧	針葉樹林
˚˚˚	果樹園	∴∴	茶畑

入試のツボ
工場と発電所，果樹園と広葉樹林を混同しないこと！

重要ポイント攻略編

でる問題でさらにおさえよう！

□ ✷ は〔**工場**〕の地図記号で，✷ は発電所・変電所，✷ は灯台である。

□ 〒 は〔**神社**〕の地図記号で，卍 は**寺院**，凸 は**城跡**である。

でる! □ **畑**の地図記号は，作物の芽を図案化した〔 ˇˇ 〕である。**桑畑**は ˇ̟ ，**荒地**は 山 。

でる! □ ♉ は〔**果樹園**〕の地図記号で，**広葉樹林**の地図記号は ♧ である。

□ 水準点の地図記号は〔 ▫ 〕で，**土地の高さを測るときの基準となる地点**を示している。

> **知ットク** 地形図中で水準点や三角点の横に記された数字は，その土地の標高を示している。

でる! □ 新しく生まれた地図記号として，⌂〔**図書館**〕，⌂〔**老人ホーム**〕，⚙（風力発電の）〔**風車**〕などがある。

143

でる順 8位 地図の見方

3 方位・等高線

でる度 ★★

✓ でるポイントをまるごとチェック

●**方位**（8方位）

```
        [北]
北西  ―――  [北東]
 |           |
[西] ―――  [東]
 |           |
[南西] ――― 南東
        [南]
```

方位記号

こちらが[北]をさす

このような方位記号が示されていることもある。

●**等高線と土地のかたむき**

等高線の間かくが[広]いところは
→ かたむきが[ゆるやか]。

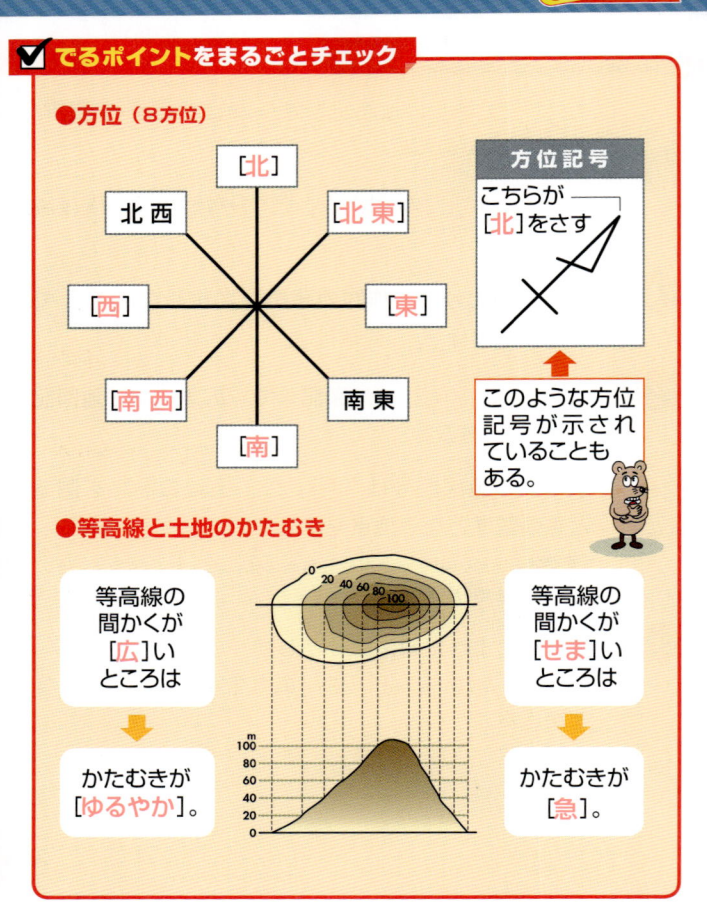

等高線の間かくが[せま]いところは
→ かたむきが[急]。

入試のツボ

地図では、ふつうは上が北。等高線の間かくがせまいところはかたむきが急！

重要ポイント攻略編

でる問題でさらにおさえよう！

□地図では、とくにことわりがない場合、上が〔北〕で、右が〔東〕の方位を示している。

□北と西の中間の方位を8方位で示すと〔北西〕になる。

□高さの同じ地点を結んでいる線を〔等高線〕という。

でる！ □等高線の間かくがせまいところほど、土地のかたむきは〔急〕である。

でる！ □**かたむきがゆるやかな地形**は、等高線の間かくは〔広〕くなっている。

□等高線は、2万5千分の1の地形図では〔10〕mごとに引かれ、5万分の1の地形図では〔20〕mごとに引かれている。

> **知ットク** 2万5千分の1の地形図では太い等高線が50mごとに、5万分の1の地形図では太い等高線が100mごとに引かれている。

でる順 8位 地図の見方

4 いろいろな地図

でる度 ★★★

✓ でるポイントをまるごとチェック

●扇状地の地形図（5万分の1地形図）

（国土地理院発行 5万分の1地形図「甲府」）

- 等高線の間かくが広いので，[ゆるやか]なかたむきの地形ということがわかる。
- 川が山地から流れ出るところにできた[扇]のような形をした地形なので，[扇状地]という。

♂の地図記号が多いので，[くだもの]の栽培がさかんだとわかる。

●山地の地形図（5万分の1地形図）

この等高線は，[160]mの高さを示す。

5万分の1地形図では，等高線は20mごとに引かれる。

AよりBの斜面のほうが等高線の間かくが[せま]いので，かたむきが[急]だとわかる。

（国土地理院発行5万分の1地形図「長崎」）

入試のツボ
等高線の間かくやかたむきをすばやく読みとることがポイント！

重要ポイント攻略編

でる問題でさらにおさえよう！

□ 扇状地はゆるやかな傾斜地で，標高が低くなるほど等高線の間かくが〔広く〕なっていく。

でる！ □ 扇状地は，水はけがよいので，〔果樹園〕に利用されているところが多い。

□ 川が海や湖に出るところにできる三角形の〔三角州〕は，土地が低くて平らなので，等高線はほとんど見られない。

□ 山地で，等高線が高度の低いほうにはりだしているところを〔尾根〕といい，等高線が高いほうにくいこんでいるところを〔谷〕という。

□ 川は，地形図中で標高が〔高〕い方が上流，〔低〕い方が下流にあたる。

でる順 8位 地図の見方

5 世界地図

✓ でるポイントをまるごとチェック

●いろいろな世界地図

メルカトル図法，ミラー図法
緯線と経線が[直角]にまじわる（角度が正しい）地図

- 海図などに利用される。

大圏航路（最短距離）
東京
[等角]航路
赤道
サンフランシスコ

正距方位図法
図の中心からの[距離]と方位が正しい地図

- 航空図などに利用される。
- 右の図の中心の東京から見たサンフランシスコの方位は[北東]である。

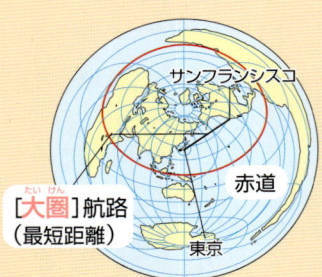

サンフランシスコ
[大圏]航路（最短距離）
赤道
東京

モルワイデ図法
[面積]が正しい地図

- 分布図などに利用される。

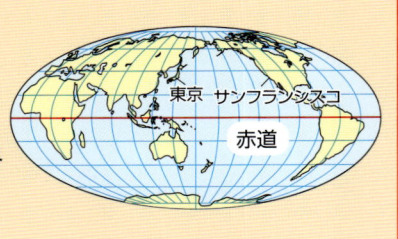

東京　サンフランシスコ
赤道

入試のツボ
複数の地図をくらべる問題が多く出される。それぞれの地図の特色をおさえよう！

重要ポイント攻略編

でる問題でさらにおさえよう！

- □地球をほぼ正確に表した模型を〔地球儀〕という。

- □平面である〔地図〕は，球体である地球の方位・距離・面積・形を1枚で正確に表すことができない。

- **でる!** □メルカトル図法では，北極や南極に近い所ほど，〔面積〕が大きく表される。

- **でる!** □正距方位図法では，図の中心からある地点までの最短の距離は，〔直線〕で表される。

- **でる!** □正距方位図法では，図の中心から離れた所ほど〔形〕のゆがみが大きく，面積も不正確になる。

- □正距方位図法では，中心と目的地とを結んだ直線が，2地点間の最短距離である〔大圏航路〕として示される。

- □モルワイデ図法では，形のひずみが小さいため，〔分布図〕としてよく利用される。

でる順 9位 生活と情報

1 通信・情報

✓ でるポイントをまるごとチェック

●情報の伝達手段の特色

手段	特色
[新聞]	できごとの原因や背景を，文字と写真でわかりやすく整理して伝える。
[テレビ]	速報性があり，その場から音声と映像で情報を伝える。
ラジオ	速報性があり，音声だけで情報を伝える。
[インターネット]	世界中の人々が自分の意見を発表しあえる。
[電話]	一方通行の伝達ではなく，話し合いができる。携帯電話の普及で，いつでもどこでも連絡が可能に。携帯電話の契約数は，加入電話〔固定電話〕を大きく上回る。

●日本のインターネット利用者数および人口普及率の推移

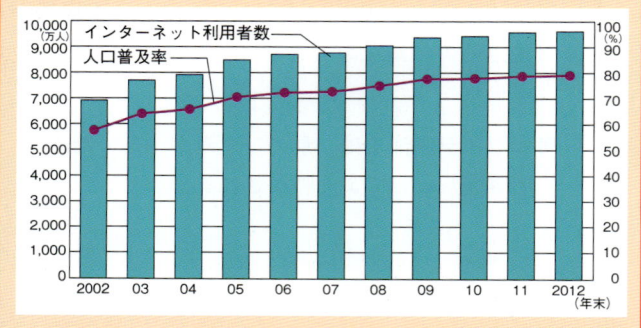

(平成25年版『情報通信白書』)

入試のツボ

インターネットやデジタル放送など新しい技術をつねにチェックしておこう！

重要ポイント攻略編

でる問題でさらにおさえよう！

- □ 新聞やテレビなど，大量の情報を伝える手段のことを〔マスメディア〕という。

- **でる!** □ 政治・社会などについての多くの人々がもっている意見を〔世論(せろん・よろん)〕といい，おもにマスメディアによって形づくられている。

- **でる!** □ 1990年代後半から，パソコンを利用した〔インターネット〕が急速に普及(ふきゅう)した。

- □ パソコンや携帯(けいたい)電話が普及し，〔電子メール〕で情報交換(こうかん)をする人が多くなった。

- □ 情報を発信するときには，他人の〔プライバシー〕の権利をおかさないように気をつけなければならない。

- □ いつでも，どこでも，何からでも，だれでもが情報ネットワークにつながることができる社会を〔ユビキタス〕社会という。

- □〔地上デジタル放送〕は，2003年末に三大都市圏(けん)の中心部から始まり，2006年には全国の都道府県庁所在地で放送開始となった。アナログ放送は，2012年3月に終了した。

> **知ッとク** デジタル放送の特徴(とくちょう)は，多チャンネル・双方向(そうほうこう)・データ放送。

151

でる順 10位 世界の産業

1 各国の産業

でる度 ★★★

✓ でるポイントをまるごとチェック

●おもな国・地域の農業・鉱工業

ヨーロッパ / ロシア連邦 / 中国 / 西アジア / インド / 東南アジア / オーストラリア / アメリカ合衆国 / ブラジル

石油……… #
石炭……… ■
鉄鉱石…… ▲
米………… ●
大麦・小麦… ●

ヨーロッパ	・EU〔ヨーロッパ連合〕最大の農業国は［フランス］。❶ ・ライン川の水運を利用する［ルール工業地域］。❷
西アジア	・ペルシア湾岸は世界的な［石油〔原油〕］の産出地。❸
インド	・ガンジス川流域で［米］や小麦の栽培がさかん。❹
東南アジア	・インドシナ半島の［タイ］は米の輸出が世界一。❺ ・東南アジアの経済発展・相互援助を目的に ［ASEAN〔東南アジア諸国連合〕］を結成。
中国	・沿岸の［経済特区］などを中心に外国企業が進出。❻
オーストラリア	・石炭や［鉄鉱石］の多くを日本に輸出。
アメリカ合衆国	・［小麦］やとうもろこしの世界最大の輸出国。 ・南部の［サンベルト］でハイテク産業が発達。❼ ・世界中で生産・販売を行う［多国籍企業］が多い。

入試のツボ 小麦・米の生産地域や，石油・石炭の産出地をおさえよう！

重要ポイント攻略編

でる問題でさらにおさえよう！

☐ 東南アジアや中国には，賃金の安い労働力を求めて，〔日本〕をはじめとする国々の工場が進出した。

☐ 中国では〔生産責任制〕が導入されて農家の生産意欲が高まり，生産量も増えた。

> **Pポイント** 政府への請け負い分以外の農産物を自由に売り，みずからの収入にできる制度。

でる！ ☐ 近年，著しく経済が成長しているブラジル，ロシア連邦，インド，中国，南アフリカ共和国の5か国を〔BRICS〕とよぶ。

> **Pポイント** Brazil（ブラジル），Russia（ロシア連邦），India（インド），China（中国），South Afria（南アフリカ共和国）。

でる！ ☐ サウジアラビアやイランなどは〔OPEC〔石油輸出国機構〕〕をつくり，産油国の利益を守っている。

☐ 主食となる小麦や，家畜の飼料としても利用される〔とうもろこし〕の輸出量が世界最大の〔アメリカ合衆国〕は，「世界の食料庫」とよばれる。

☐ 南アメリカのブラジルでは豊富な〔鉄鉱石〕を背景に鉄鋼業が発達している。

でる順 10位 世界の産業

2 世界の貿易

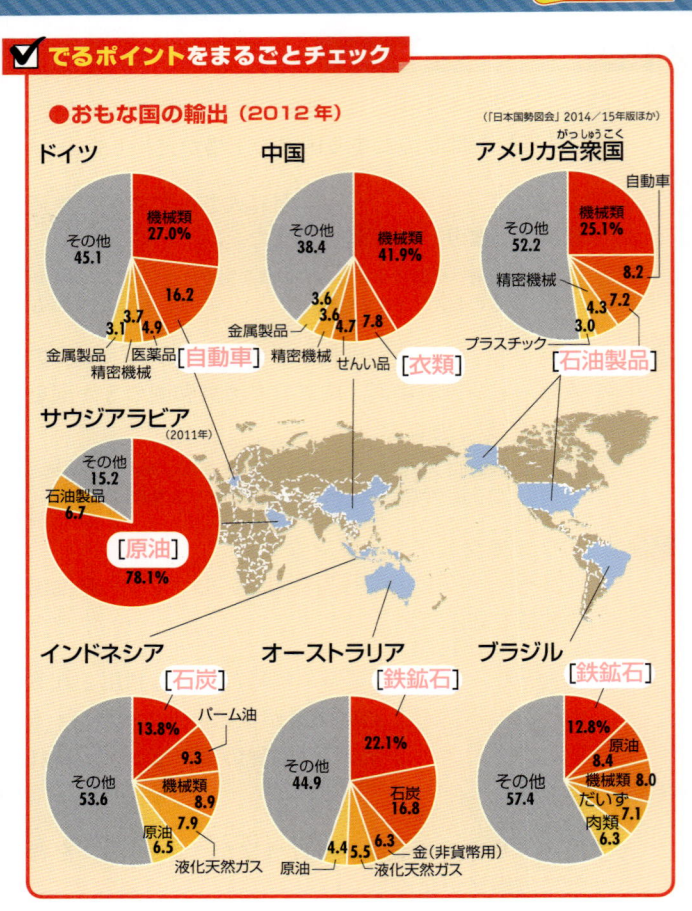

でる度 ★★★

✓ でるポイントをまるごとチェック

● おもな国の輸出（2012年）

（「日本国勢図会」2014／15年版ほか）

ドイツ
- 機械類 27.0%
- 自動車 16.2
- 医薬品 4.9
- 精密機械 3.7
- 金属製品 3.1
- その他 45.1
- [自動車]

中国
- 機械類 41.9%
- せんい品 7.8
- 精密機械 4.7
- 金属製品 3.6
- 3.6
- その他 38.4
- [衣類]

アメリカ合衆国
- 機械類 25.1%
- 自動車 8.2
- 石油製品 7.2
- 精密機械 4.3
- プラスチック 3.0
- その他 52.2
- [石油製品]

サウジアラビア (2011年)
- 原油 78.1%
- 石油製品 6.7
- その他 15.2
- [原油]

インドネシア
- 石炭 13.8%
- パーム油 9.3
- 機械類 8.9
- 原油 7.9
- 液化天然ガス 6.5
- その他 53.6
- [石炭]

オーストラリア
- 鉄鉱石 22.1%
- 石炭 16.8
- 金(非貨幣用) 5.5
- 液化天然ガス 5.5
- 原油 4.4
- その他 44.9
- [鉄鉱石]

ブラジル
- 鉄鉱石 12.8%
- 原油 8.4
- 機械類 8.0
- だいず 7.1
- 肉類 6.3
- その他 57.4
- [鉄鉱石]

▶154

入試のツボ 先進工業国は工業製品，発展途上国は農産物や鉱産資源の輸出が多い！

重要ポイント攻略編

でる問題でさらにおさえよう！

でる! □貿易額が多いのは〔アメリカ合衆国〕や〔中国〕，ヨーロッパの〔ドイツ〕，〔日本〕などである。

> **Pポイント** 近年は，とくに中国の貿易額ののびが目立っている。

> **知ットク** 近年は世界の国々が自由貿易協定〔ＦＴＡ〕や経済連携協定〔ＥＰＡ〕を結び，貿易をさかんにしている。

□ヨーロッパでは，〔ヨーロッパ連合〔EU〕〕加盟国同士の貿易がさかんである。

□輸出額が輸入額を上回っていることを〔貿易黒字〕，輸入額が輸出額を上回っていることを〔貿易赤字〕という。

でる! □西アジアの〔サウジアラビア〕や〔イラン〕などの輸出では，〔原油〔石油〕〕のしめる割合が高い。

でる! □〔鉄鉱石〕や〔石炭〕，〔金〕，〔肉類〕などの輸出が多い南半球の国は〔オーストラリア〕である。

□少ない種類の〔鉱産資源〕や〔農産物〕の輸出にたよる経済を〔モノカルチャー〕経済といい，発展途上国に多くみられる。

> **Pポイント** 生産量や国際的な取り引き価格の変動の影響を受けやすく，不安定な経済である。

都道府県を整理しよう！

❶ 海に面していない

[栃木県] [群馬県]
[埼玉県] [山梨県] [長野県]
[岐阜県] [滋賀県] [奈良県]

内陸の８県を覚えよう！

❷ リアス（式）海岸で有名

[岩手県] [宮城県] [福井県] [三重県] [長崎県]

❸ 島とセットで覚えたい

[北海道]…利尻島・礼文島・奥尻島
[新潟県]…佐渡島　　　[東京都]…伊豆諸島・小笠原諸島
[兵庫県]…淡路島　　　[島根県]…隠岐諸島
[香川県]…小豆島　　　[長崎県]…対馬・壱岐・五島列島
[鹿児島県]…種子島・屋久島・奄美大島

❹ マーク（県章など）が県の形と似ている

[青森県]　　　[石川県]　　　[静岡県]　　　[鹿児島県]

▶156

ピンポイント攻略編

よくでる用語 ・・・・・・・・・・・・・・・・・・・・・・・・・・・ 158

よくでるグラフ ・・・・・・・・・・・・・・・・・・・・・・・・ 170

よくでる数字 ・・・・・・・・・・・・・・・・・・・・・・・・・・・ 182

ピンポイント攻略編
よくでる用語 1

📖 国土に関する用語

1 [季節]風
夏と冬で反対の方向から吹く風。日本では冬は北西風，夏は南東風。

2 [リアス(式)]海岸
入り江と岬が入り組んだ海岸地形。三陸海岸南部などに発達。

3 [大陸だな]
大陸周辺の深さ[200]mくらいまでの傾斜のゆるやかな海底。

4 [黒潮(くろしお)〔日本海流(にほんかいりゅう)〕]
日本の太平洋側を北上する[暖流]。

5 [親潮(おやしお)〔千島海流(ちしまかいりゅう)〕]
日本の太平洋側を南下する[寒流]。

6 [対馬海流(つしまかいりゅう)]
日本海側を北上する[暖流]。黒潮の分流。

7 [扇状地(せんじょうち)]
川が谷口に土砂を積もらせてできた扇形の地形。

入試のツボ　漢字で書かないと減点されることもある。漢字で書けるように練習しよう！

ピンポイント攻略編

8	[三角州（さんかくす）]	川が[河口（かこう）]に土砂を積もらせてできた三角形の地形。
9	[縮尺（しゅくしゃく）]	実際の距離を地図上に縮めた割合。2万5千分の1など。
10	[日本アルプス]	中央高地の飛騨（ひだ）・木曽（きそ）・赤石山脈（あかいしさんみゃく）の総称（そうしょう）。
11	[瀬戸大橋（せとおおはし）]	本州四国連絡橋（ほんしゅうしこくれんらくきょう）の1つで、[児島（こじま）]・坂出（さかいで）を結ぶ連絡橋。
12	[明石海峡大橋（あかしかいきょうおおはし）]	本州四国連絡橋の1つで、明石（あかし）と淡路島（あわじ）を結ぶ橋。
13	[瀬戸内（せとうち）しまなみ海道]	本州四国連絡橋の1つで、[尾道（おのみち）]・今治（いまばり）を結ぶルート。
14	[冷害]	夏、低温のために農作物がじゅうぶんに育たない被害（ひ）。
15	[やませ]	夏に[東北]地方の太平洋側に吹（ふ）く北東風。冷害をもたらすことがある。

159

ピンポイント攻略編
よくでる用語 ❷

16 [北方領土] 　北海道北東部の，[択捉]島，国後島，色丹島，歯舞群島。ロシア連邦が占拠。

17 [潮目〔潮境〕] 　[暖流]と寒流が出合うところ。魚のえさが豊富で好漁場。

18 [等高線] 　高さの同じ地点を結んだ線。高さや土地の傾斜がわかる。

19 [カルデラ] 　火山の噴火によってできたくぼ地。[阿蘇山]は世界最大級。

20 [梅雨] 　本州以南で6〜7月に続く長雨の季節。集中豪雨をもたらすことがある。

21 [フォッサマグナ] 　静岡市と[糸魚川]市を結ぶ線を西の縁とする大地溝帯。

22 [台風] 　夏から秋にかけて発生する熱帯低気圧。暴風雨をともない，一部は日本を通過する。

23 [ニュータウン] 　大都市の郊外に計画的につくられた住宅都市。

入試のツボ
とくに農業の種類がよくでるので、確認しておこう！

ピンポイント攻略編

農業・水産業に関する用語

1 [促成]栽培
野菜などの栽培時期を早め、他の産地より[早く]出荷する栽培方法。

2 [抑制]栽培
野菜などの栽培時期を遅らせ、他の産地と時期をずらして出荷する栽培方法。

3 [水田単作]
水田で、1年に1回米だけをつくること。

4 [酪農]
乳牛を飼い、牛乳のほかバターやチーズを生産する農業。

5 [近郊]農業
[大都市]周辺で、大都市向けに野菜や花などをつくる農業。

6 [高原野菜]
レタスなど、夏のすずしい気候の[高地]で栽培される野菜。

7 [二毛作]
同じ耕地で1年に2回、米といぐさなど、ちがう作物をつくること。

ピンポイント攻略編

よくでる用語 ３

8 [シラス]台地 — 鹿児島県〜宮崎県南部に広がる火山灰土の台地。[笠野原]が代表的。

9 [減反]政策 — 米の[生産調整]のために休耕や転作をすすめる政策。

10 [干拓] — 海や湖の一部をしめきって排水し,陸地をつくること。

11 [輪中] — 水害を防ぐためにまわりを[堤防]でかこんだ集落。木曽川下流域など。

12 [遠洋]漁業 — 大型船で遠くの海へ行って漁をする漁業。

13 [沖合]漁業 — 数十キロメートルぐらいまでの沖で漁をする漁業。

14 [沿岸]漁業 — 海岸の近くで,日帰りで漁をする漁業。

15 [養殖]漁業 — いけすなどで魚や貝,わかめなどを[育ててとる]漁業。

入試のツボ 用語の意味をしっかりおさえよう！

ピンポイント攻略編

16 [栽培]漁業 — 育てた魚などを海に放流し，大きくなってからとる漁業。

17 [赤潮] — 水のよごれで[プランクトン]が大量発生し，海面が赤くなる現象。

18 [有機]農業 — 農薬や化学肥料にたよらず，たい肥などを使って生産する農業。

19 [品種改良] — よりよい性質の農作物の品種をつくり出すこと。

20 [客土] — 良質の土を運び入れ，農業に適した土地につくりかえること。

📖 工業に関する用語

1 [太平洋ベルト] — 南関東から北九州にかけて，工業地帯・地域が集中している地帯。

2 [金属]工業 — 鉄鉱石などの金属資源を精錬・加工する工業。

ピンポイント攻略編

よくでる用語 4

3 [機械]工業 — 自動車, 電気機器などをつくる工業。日本で最も生産額が多い。

4 [化学]工業 — 原料を化学的に処理して, 異なった性質の物質をつくる工業。

5 [石油化学]工業 — [石油]を原料として化学製品をつくる工業。[臨海]部に発達する。

6 [鉄鋼]業 — 鉄鉱石から鋼板や鋼管などをつくる工業。[臨海]部に発達する。

7 [IC〔集積回路〕] — 小さな基板に複雑な機能を組み込んだ電子回路。

8 [印刷]業 — 本や雑誌・新聞をつくる工業。東京都でとくに発達している。

9 [よう]業 — 陶磁器やセメント, ガラスなどをつくる工業。

10 [漆器] — うるしぬりの器。伝統的工芸品として輪島塗などがある。

入試のツボ

難しい用語もたくさんあるが，しっかり理解して書けるようにしておこう！

ピンポイント攻略編

11 [せんい]工業 — 衣類のほか，綿織物・毛織物や化学せんい織物などをつくる工業。

12 [京浜]工業地帯 — [東京]・横浜・川崎を中心として発達した工業地帯。

13 [中京]工業地帯 — [名古屋]・豊田・四日市などを中心として発達した工業地帯。

14 [水俣]病 — 八代海沿岸で，工場廃水によりおこった四大公害病の１つ。

15 [新潟〔第二〕水俣]病 — 阿賀野川流域でおこった四大公害病の１つ。

16 [イタイイタイ]病 — [神通川]流域で，鉱山からの排水によりおこった四大公害病の１つ。

17 [四日市ぜんそく] — 四日市市で大気汚染によりおこった四大公害病の１つ。

18 [火力]発電 — 石油・石炭・天然ガスを燃料とする発電。二酸化炭素を排出。

ピンポイント攻略編

よくでる用語 5

19 [エネルギー革命]
石炭から石油などへの，中心となるエネルギー源の大きな変化。

20 [八幡(やはた)]製鉄所
明治時代に，政府によって現在の[北九州]市につくられた製鉄所。

21 [加工貿易]
原料・燃料を輸入し，[工業製品]を生産して輸出する貿易。

22 [関連工場〔協力工場〕]
大工場の下うけで部品などを生産する工場。

📖 社会に関する用語

1 [リサイクル]
不要になったものを資源として再生し，もう一度使うこと。

2 [情報]社会
通信技術の発達と高度化が進み，情報の価値が高まった社会。

3 [循環型社会(じゅんかんがた)]
リサイクルを進めて資源を大切にしていく社会。

入試のツボ

社会に関する用語もよくでる。しっかり覚えておこう！

ピンポイント攻略編

4	[過疎（かそ）]	地域の人口が急激にへり，社会生活が困難になる状態。
5	[政令指定（せいれいしてい）]都市	人口50万人以上で，政令で指定され，特別の権限をもつ都市。
6	[石油危機 〔オイルショック〕]	1970年代に石油の価格が上がり，経済が混乱したこと。
7	[インターネット]	世界中のコンピュータを結んだ情報通信網。
8	[ナショナルトラスト]運動	地域の人々が資金を出し合うなどして土地を所有し，環境を守っていく運動。
9	[少子高齢（こうれい）]社会	子どもの割合が低く，[65]歳（さい）以上の高齢者の割合が高まった社会。
10	[環境基本法]	1993年に制定された，国の環境政策の基本を定めた法律。
11	[ユビキタス]社会	いつでも，どこでも，何からでも情報ネットワークにつながる社会。

ピンポイント攻略編
よくでる用語 ６

📖 世界に関する用語

1 [地球温暖化]
大気中の二酸化炭素濃度の増加などにより, 地球の気温が上昇する現象。

2 [世界遺産]条約
世界的に重要な[自然]・文化遺産を守るための条約。

3 [緯線]
地球の南北の位置を表す線。南北[90]度ずつに分かれる。

4 [経線]
北極・南極を結ぶ線。[ロンドン]を通る経線が０度。

5 [赤道]
緯度[０]度の緯線。アフリカ大陸中央部などを通る。

6 [排他的経済水域]
海岸から[200]海里以内の資源はその国のものとされる水域。

7 [ラムサール]条約
水鳥のすみかとして重要な湿地を守るための条約。

入試のツボ アルファベットの略字の用語は，正式名も書けるようにしておこう！

ピンポイント攻略編

8 [EU(イーユー)]
ヨーロッパ連合(りゃくしょう)の略称。ヨーロッパの統合をめざす。共通通貨は[ユーロ]。

9 [日付変更(ひづけへんこう)]線
日付の調整のため，ほぼ[180]度の経線にそって引かれている線。

10 [イスラム]教
西アジアの大部分の人が信仰(しんこう)している宗教。

11 アジア[NIES(ニーズ)]
急速に工業が発展した[韓国(かんこく)]，台湾(たいわん)，ホンコン，シンガポール。

12 [標準時]
国や地域の共通の時刻。日本は東経[135]度の経線を基準にしている。

13 [時差]
国や地域の標準時のずれ。経度[15]度で1時間の時差が出る。

14 [偏西風(へんせいふう)]
1年中西から吹(ふ)く風。特に西ヨーロッパの気候に影響を与える。

15 [酸性雨(さんせいう)]
大気のよごれによって酸性度の強くなった雨。湖や森林などに被害(ひがい)を与える。

ピンポイント攻略編
よくでるグラフ 1 農業

1 米の地方別生産

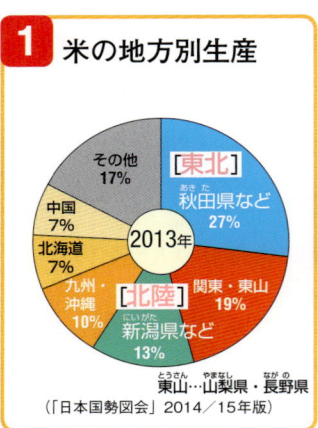

2013年
- [東北] 秋田県など 27%
- [北陸] 新潟県など 13%
- 関東・東山 19%　東山…山梨県・長野県
- 九州・沖縄 10%
- 北海道 7%
- 中国 7%
- その他 17%

(「日本国勢図会」2014／15年版)

2 米の都道府県別生産

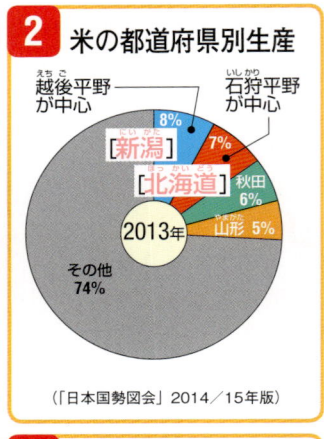

2013年
- [新潟] 8%　越後平野が中心
- [北海道] 7%　石狩平野が中心
- 秋田 6%
- 山形 5%
- その他 74%

(「日本国勢図会」2014／15年版)

3 みかんの生産

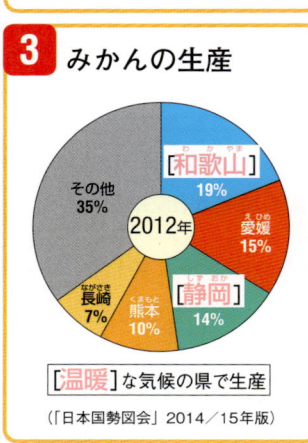

2012年
- [和歌山] 19%
- 愛媛 15%
- [静岡] 14%
- 熊本 10%
- 長崎 7%
- その他 35%

[温暖] な気候の県で生産

(「日本国勢図会」2014／15年版)

4 りんごの生産

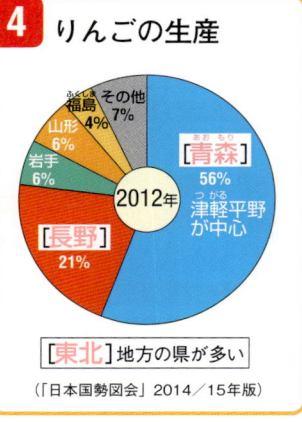

2012年
- [青森] 56%　津軽平野が中心
- [長野] 21%
- 岩手 6%
- 山形 6%
- 福島 4%
- その他 7%

[東北] 地方の県が多い

(「日本国勢図会」2014／15年版)

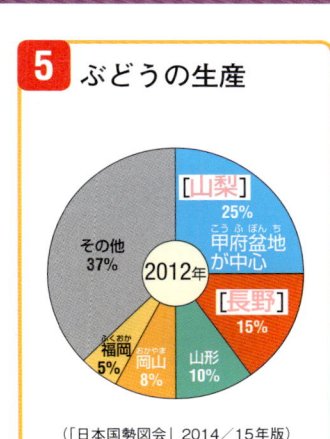

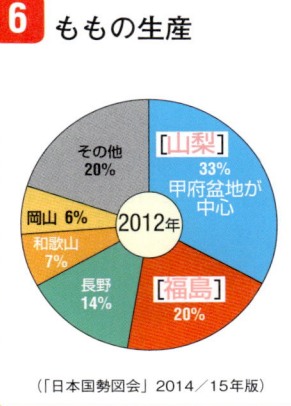

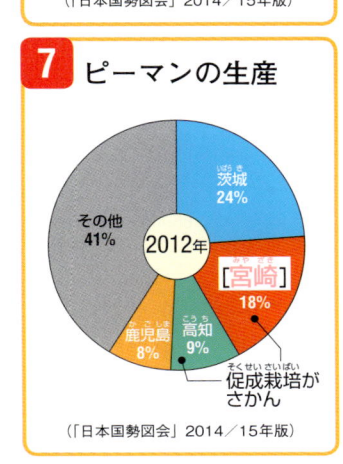

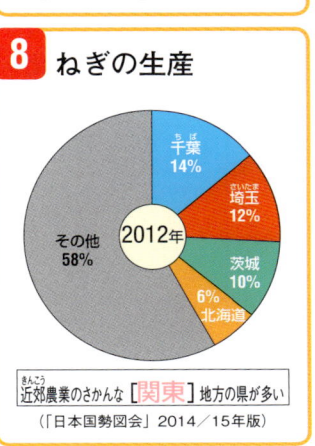

入試のツボ 各農産物の生産県がよく問われる。特徴的な県をおぼえておこう！

ピンポイント攻略編

5 ぶどうの生産

2012年
- [山梨] 25%（甲府盆地が中心）
- [長野] 15%
- 山形 10%
- 岡山 8%
- 福岡 5%
- その他 37%

（「日本国勢図会」2014／15年版）

6 ももの生産

2012年
- [山梨] 33%（甲府盆地が中心）
- [福島] 20%
- 長野 14%
- 和歌山 7%
- 岡山 6%
- その他 20%

（「日本国勢図会」2014／15年版）

7 ピーマンの生産

2012年
- 茨城 24%
- [宮崎] 18%
- 高知 9% ・促成栽培がさかん
- 鹿児島 8%
- その他 41%

（「日本国勢図会」2014／15年版）

8 ねぎの生産

2012年
- 千葉 14%
- 埼玉 12%
- 茨城 10%
- 北海道 6%
- その他 58%

近郊農業のさかんな[関東]地方の県が多い

（「日本国勢図会」2014／15年版）

ピンポイント攻略編
よくでるグラフ ② 水産・畜産業

1 乳牛の飼育頭数

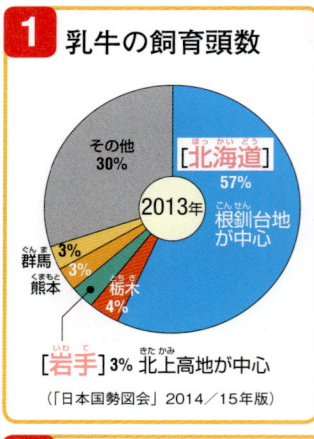

2013年
- [北海道] 57% 根釧台地が中心
- その他 30%
- 群馬 3%
- 熊本 3%
- 栃木 4%
- [岩手] 3% 北上高地が中心

(「日本国勢図会」2014／15年版)

2 肉牛の飼育頭数

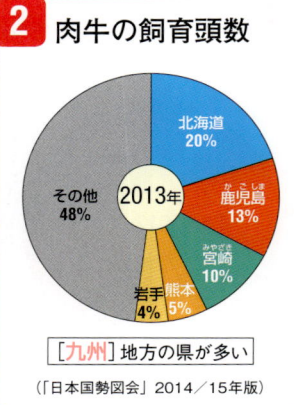

2013年
- 北海道 20%
- 鹿児島 13%
- 宮崎 10%
- 熊本 5%
- 岩手 4%
- その他 48%

[九州] 地方の県が多い

(「日本国勢図会」2014／15年版)

3 食料自給率の変化

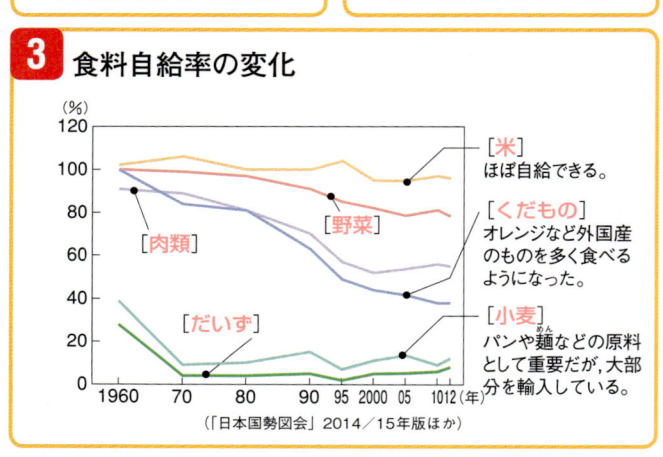

- [米] ほぼ自給できる。
- [くだもの] オレンジなど外国産のものを多く食べるようになった。
- [小麦] パンや麺などの原料として重要だが、大部分を輸入している。
- [野菜]
- [肉類]
- [だいず]

(1960〜2012年)

(「日本国勢図会」2014／15年版ほか)

入試のツボ 各グラフの1位や特徴をグラフの形でおぼえておこう！

ピンポイント攻略編

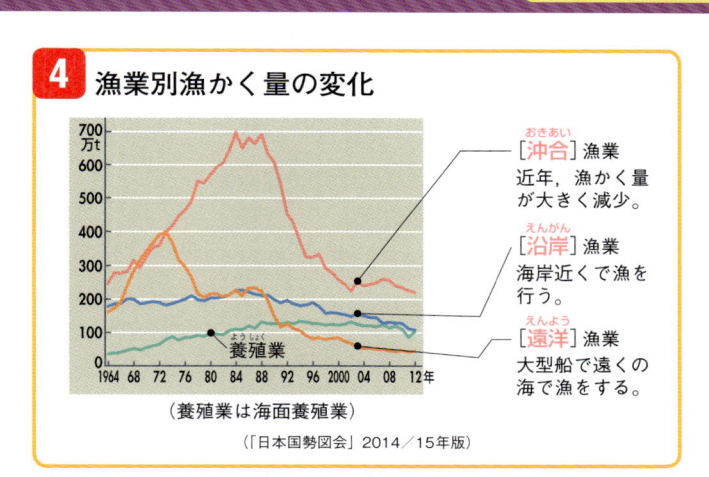

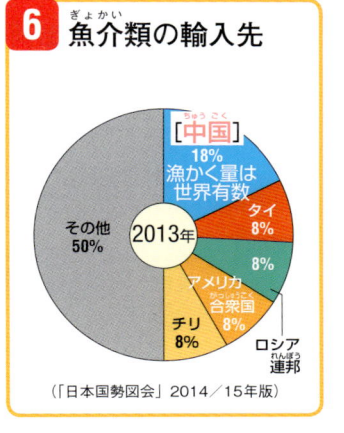

4 漁業別漁かく量の変化

[沖合]漁業 近年，漁かく量が大きく減少。

[沿岸]漁業 海岸近くで漁を行う。

[遠洋]漁業 大型船で遠くの海で漁をする。

養殖業

（養殖業は海面養殖業）

（「日本国勢図会」2014／15年版）

5 かき類の収かく

2012年
- [広島] 71%
- 岡山 11%
- その他 18%

広島湾で養殖がさかん

（「日本国勢図会」2014／15年版）

6 魚介類の輸入先

2013年
- [中国] 18% 漁かく量は世界有数
- タイ 8%
- アメリカ合衆国 8%
- チリ 8%
- ロシア連邦
- その他 50%

（「日本国勢図会」2014／15年版）

173

ピンポイント攻略編

よくでるグラフ ３ 工業・エネルギー

１ 日本の工業生産出荷額の割合

[金属] [機械] [化学] [せんい]

年	金属	機械	化学	せんい	食料品	その他
1970年	19.3%	32.4	10.6	10.4	7.7	19.6
1980年	17.1	31.8	15.5	10.5	5.2	19.9
1990年	13.8	43.1	9.7	10.2	3.9	19.3
2000年	11.1	45.8	11.0	11.6	2.3	18.2
2010年	13.6	44.6	14.2	11.7	1.4	14.5
2012年	13.8	43.7	14.9	11.7	1.4	14.5

重化学工業では[機械]の割合が増え，[金属]の割合が減少傾向

(「日本国勢図会」2014／15年版ほか)

２ 三大工業地帯の出荷額割合 (2012年)

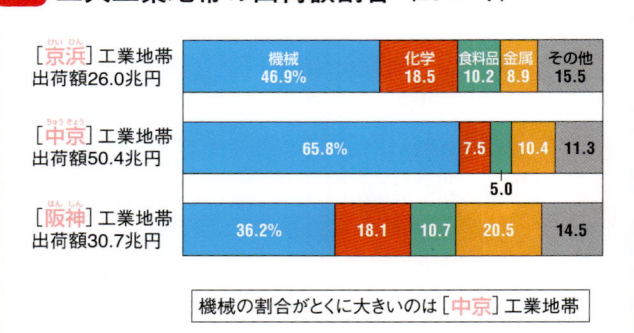

[京浜]工業地帯 出荷額26.0兆円

機械	化学	食料品	金属	その他
46.9%	18.5	10.2	8.9	15.5

[中京]工業地帯 出荷額50.4兆円

機械	化学	食料品	金属	その他
65.8%	7.5	5.0	10.4	11.3

[阪神]工業地帯 出荷額30.7兆円

機械	化学	食料品	金属	その他
36.2%	18.1	10.7	20.5	14.5

機械の割合がとくに大きいのは[中京]工業地帯

(「日本国勢図会」2014／15年版)

入試のツボ さかんな産業やグラフの割合の形をおぼえておこう！

ピンポイント攻略編

3 日本のエネルギー供給割合

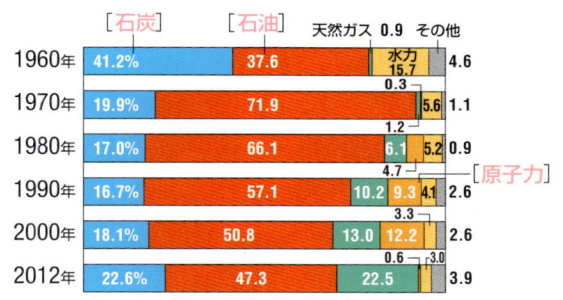

年	[石炭]	[石油]	天然ガス	水力	原子力	その他
1960年	41.2%	37.6	0.9	15.7	—	4.6
1970年	19.9%	71.9	0.3	5.6	—	1.1
1980年	17.0%	66.1	1.2	6.1	5.2	0.9
1990年	16.7%	57.1	4.7	10.2	9.3 / 4.1	2.6
2000年	18.1%	50.8	3.3	13.0	12.2 / 3.0	2.6
2012年	22.6%	47.3	22.5	0.6	3.0	3.9

（「日本国勢図会」2014／15年版ほか）

4 日本の発電量の割合

年	[水力]	[火力]	[原子力]	新エネルギー
1960年	50.6%	49.4	—	—
1980年	15.9%	69.6	14.3	0.2
2012年	7.6%	90.2	1.5	0.7

2011年3月の東日本大震災にともなう原子力発電所の事故で，運転を停止する原子力発電所が相次ぎ，割合が大きく低下した。

（「日本国勢図会」2014／15年版ほか）

ピンポイント攻略編
よくでるグラフ 4 貿易と運輸①

1 日本の輸出品の変化

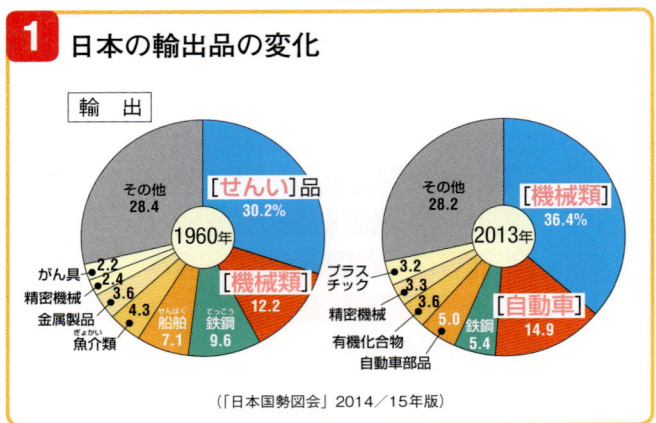

輸出

1960年
- [せんい]品 30.2%
- その他 28.4
- [機械類] 12.2
- 鉄鋼 9.6
- 船舶 7.1
- 魚介類 4.3
- 金属製品 3.6
- 精密機械 2.4
- がん具 2.2

2013年
- [機械類] 36.4%
- その他 28.2
- [自動車] 14.9
- 鉄鋼 5.0
- 自動車部品 5.4
- 有機化合物 3.6
- 精密機械 3.3
- プラスチック 3.2

(「日本国勢図会」2014／15年版)

2 日本の輸入品の変化

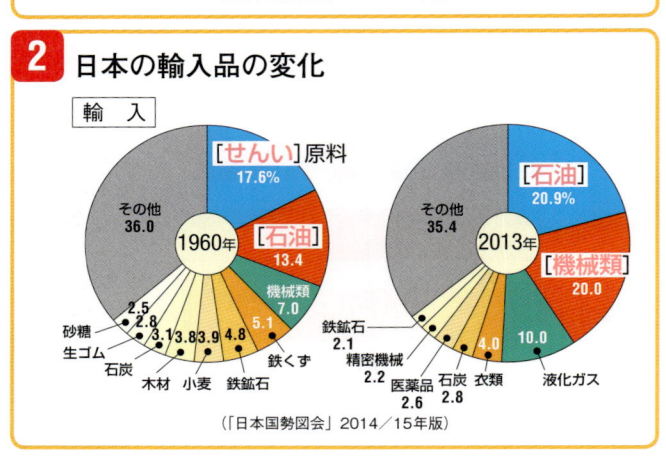

輸入

1960年
- [せんい]原料 17.6%
- その他 36.0
- [石油] 13.4
- 機械類 7.0
- 鉄くず 5.1
- 鉄鉱石 4.8
- 小麦 3.9
- 木材 3.8
- 石炭 3.1
- 生ゴム 2.8
- 砂糖 2.5

2013年
- [石油] 20.9%
- その他 35.4
- [機械類] 20.0
- 液化ガス 10.0
- 衣類 4.0
- 石炭 2.8
- 医薬品 2.6
- 精密機械 2.2
- 鉄鉱石 2.1

(「日本国勢図会」2014／15年版)

入試のツボ 日本の貿易はよくでる。1位の品目や国をおぼえておこう！

ピンポイント攻略編

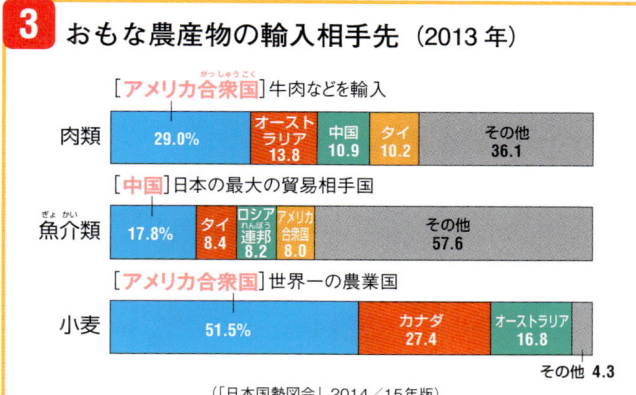

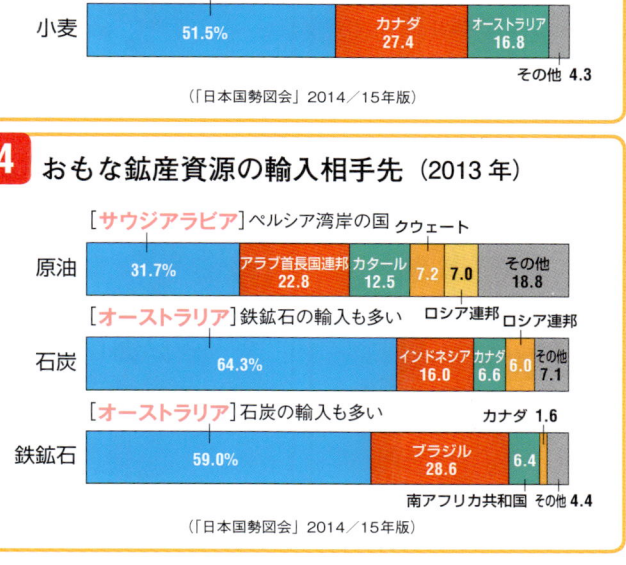

3 おもな農産物の輸入相手先（2013年）

肉類 [**アメリカ合衆国**] 牛肉などを輸入
- アメリカ合衆国 29.0%
- オーストラリア 13.8
- 中国 10.9
- タイ 10.2
- その他 36.1

魚介類 [**中国**] 日本の最大の貿易相手国
- 中国 17.8%
- タイ 8.4
- ロシア連邦 8.2
- アメリカ合衆国 8.0
- その他 57.6

小麦 [**アメリカ合衆国**] 世界一の農業国
- アメリカ合衆国 51.5%
- カナダ 27.4
- オーストラリア 16.8
- その他 4.3

（「日本国勢図会」2014／15年版）

4 おもな鉱産資源の輸入相手先（2013年）

原油 [**サウジアラビア**] ペルシア湾岸の国
- サウジアラビア 31.7%
- アラブ首長国連邦 22.8
- カタール 12.5
- クウェート 7.2
- ロシア連邦 7.0
- その他 18.8

石炭 [**オーストラリア**] 鉄鉱石の輸入も多い
- オーストラリア 64.3%
- インドネシア 16.0
- カナダ 6.6
- ロシア連邦 6.0
- その他 7.1

鉄鉱石 [**オーストラリア**] 石炭の輸入も多い
- オーストラリア 59.0%
- ブラジル 28.6
- 南アフリカ共和国 6.4
- カナダ 1.6
- その他 4.4

（「日本国勢図会」2014／15年版）

ピンポイント攻略編

よくでるグラフ 5 貿易と運輸②

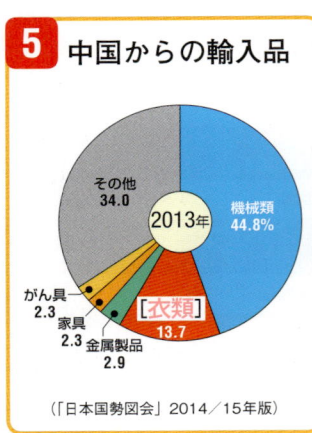

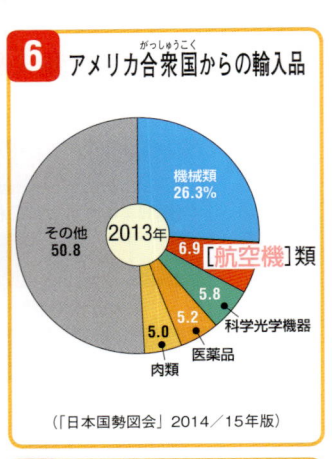

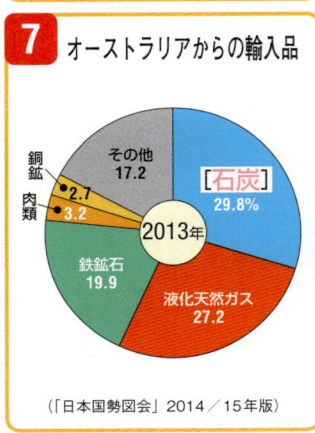

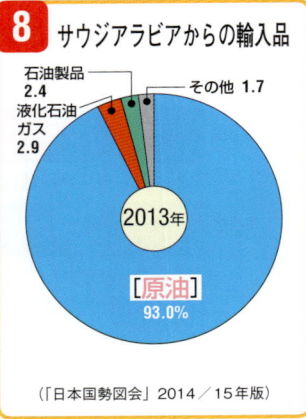

5 中国からの輸入品

2013年
- 機械類 44.8%
- その他 34.0
- [衣類] 13.7
- 金属製品 2.9
- 家具 2.3
- がん具 2.3

(「日本国勢図会」2014／15年版)

6 アメリカ合衆国からの輸入品

2013年
- 機械類 26.3%
- その他 50.8
- [航空機]類 6.9
- 科学光学機器 5.8
- 医薬品 5.2
- 肉類 5.0

(「日本国勢図会」2014／15年版)

7 オーストラリアからの輸入品

2013年
- [石炭] 29.8%
- 液化天然ガス 27.2
- 鉄鉱石 19.9
- その他 17.2
- 肉類 3.2
- 銅鉱 2.7

(「日本国勢図会」2014／15年版)

8 サウジアラビアからの輸入品

2013年
- [原油] 93.0%
- 液化石油ガス 2.9
- 石油製品 2.4
- その他 1.7

(「日本国勢図会」2014／15年版)

入試のツボ 貿易品目から、どの国との貿易か、見分けられるようにしておこう！

ピンポイント攻略編

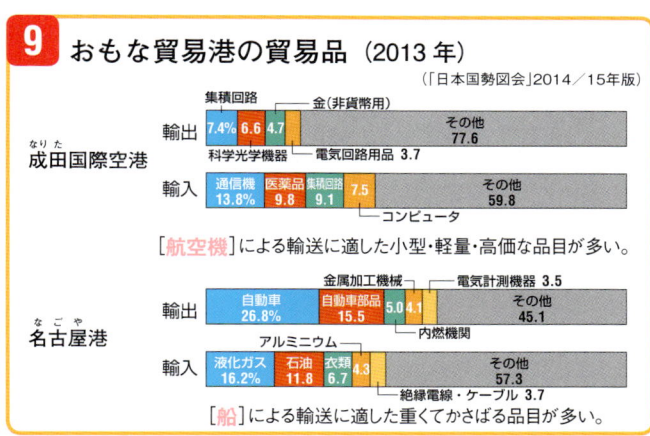

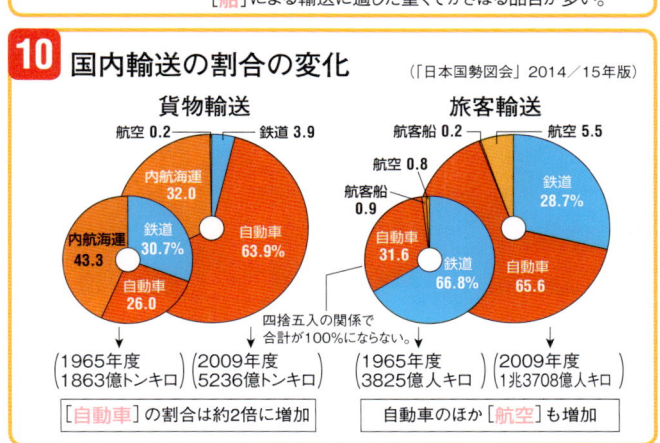

9 おもな貿易港の貿易品 (2013年)

(「日本国勢図会」2014/15年版)

成田国際空港

輸出：集積回路 7.4% / 科学光学機器 6.6 / 金(非貨幣用) 4.7 / 電気回路用品 3.7 / その他 77.6

輸入：通信機 13.8% / 医薬品 9.8 / 集積回路 9.1 / コンピュータ 7.5 / その他 59.8

[航空機]による輸送に適した小型・軽量・高価な品目が多い。

名古屋港

輸出：自動車 26.8% / 自動車部品 15.5 / 金属加工機械 5.0 / 内燃機関 4.1 / 電気計測機器 3.5 / その他 45.1

輸入：液化ガス 16.2% / 石油 11.8 / 衣類 6.7 / アルミニウム 1.3 / 絶縁電線・ケーブル 3.7 / その他 57.3

[船]による輸送に適した重くてかさばる品目が多い。

10 国内輸送の割合の変化

(「日本国勢図会」2014/15年版)

貨物輸送

1965年度 (1863億トンキロ)：航空 0.2 / 鉄道 3.9 / 内航海運 43.3 / 自動車 26.0 / 鉄道 30.7

2009年度 (5236億トンキロ)：内航海運 32.0 / 自動車 63.9%

※四捨五入の関係で合計が100%にならない。

[自動車]の割合は約2倍に増加

旅客輸送

1965年度 (3825億人キロ)：客船 0.2 / 航空 0.8 / 航客船 0.9 / 自動車 31.6 / 鉄道 66.8%

2009年度 (1兆3708億人キロ)：航空 5.5 / 鉄道 28.7% / 自動車 65.6

自動車のほか[航空]も増加

ピンポイント攻略編
よくでるグラフ 6 気候・人口

1 日本の各地の気候

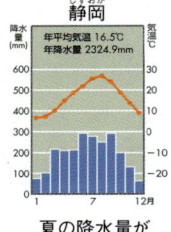

[太平洋]側の気候
静岡
年平均気温 16.5℃
年降水量 2324.9mm

夏の降水量が多い

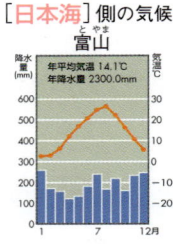

[日本海]側の気候
富山
年平均気温 14.1℃
年降水量 2300.0mm

冬の降水量が多い

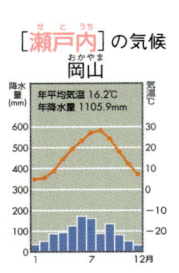

[瀬戸内]の気候
岡山
年平均気温 16.2℃
年降水量 1105.9mm

降水量が少なく、冬でも温和

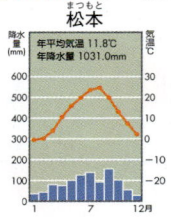

[中央高地]の気候
松本
年平均気温 11.8℃
年降水量 1031.0mm

降水量が少なく、夏・冬の気温差が大きい

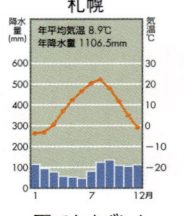

[北海道]の気候
札幌
年平均気温 8.9℃
年降水量 1106.5mm

夏でもすずしく、冬の寒さがきびしい

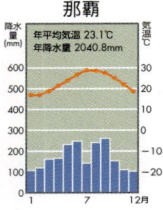

[南西諸島]の気候
那覇
年平均気温 23.1℃
年降水量 2040.8mm

冬でも温暖な亜熱帯の気候

(気象庁)

入試のツボ 各グラフの特徴をグラフの数値の形でおぼえておこう！

ピンポイント攻略編

2 日本の年齢別人口構成（人口ピラミッド）

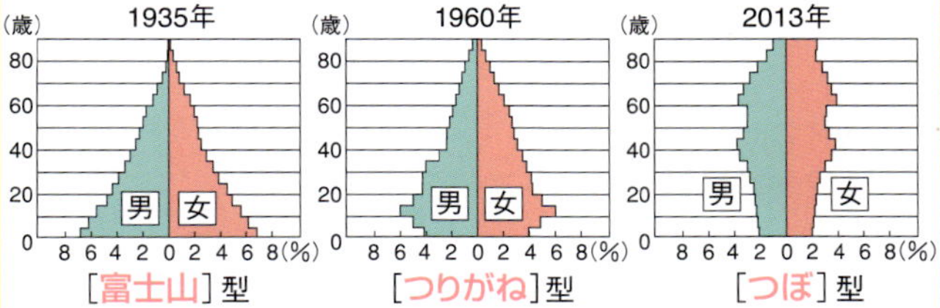

1935年 [富士山]型
1960年 [つりがね]型
2013年 [つぼ]型

少子化と高齢化が進んだ

（「日本国勢図会」2014／15年版ほか）

3 将来の人口の動き

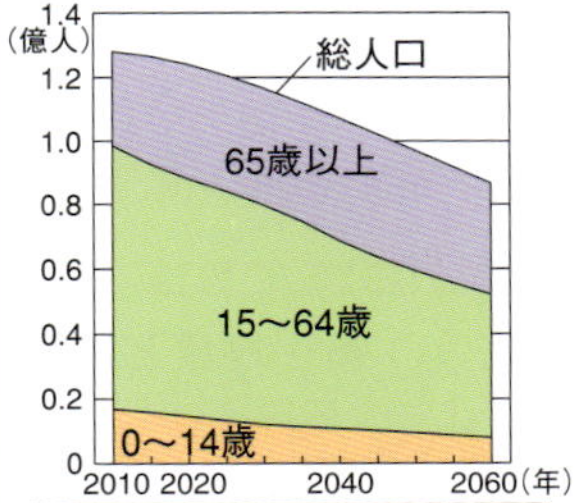

総人口
65歳以上
15～64歳
0～14歳

今後も、[65]歳以上のしめる割合が大きくなると予想される。

（「日本のすがた」2014年版）

4 三大都市圏の全国人口にしめる割合

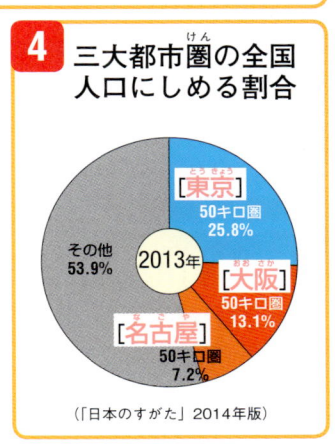

2013年
[東京]50キロ圏 25.8%
[大阪]50キロ圏 13.1%
[名古屋]50キロ圏 7.2%
その他 53.9%

（「日本のすがた」2014年版）

ピンポイント攻略編
よくでる数字 1

日本の国土に関する数字
(「日本国勢図会」2014/15年版)

1 東経 [135] 度
日本の時刻の基準となる経線(兵庫県[明石]市を通る)の経度。

2 [200] 海里
[排他的経済水域]の範囲。海岸からこの水域内の資源は沿岸国のもの。

3 [12] 海里
領海の範囲。海岸からこの距離までの水域が国の[主権]がおよぶ範囲。

4 約 [38] 万km²
日本の国土の面積(北方領土をふくむ)。

5 約 [1億3000] 万人
日本の人口。世界で10番目に多い。

6 [342] 人/km²
日本の人口密度。過密地域と過疎地域の差が大きい。

7 [47] 都道府県
都道府県の数。1都,1道,2府,43県。

入試のツボ

そのままおぼえるだけで、得点につながる！

ピンポイント攻略編

8 約 [1300] 万人
最も人口が多い [東京] 都の人口。第2位の神奈川県は約900万人。

9 約 [900] 万人
東京23区の人口。これに次いで多い都市は約370万人の横浜市。

10 約4分の [3]
日本の国土のうち、山地と丘陵地がしめる割合。

11 北緯約 [20] 度
日本の南のはしの [沖ノ鳥] 島（東京都）の緯度。

12 北緯約 [46] 度
日本の北のはしの緯度。[択捉] 島（北海道）の北端にあたる。

13 東経約 [122] 度
日本の西のはしの [与那国] 島（沖縄県）の経度。

14 東経約 [154] 度
日本の東のはしの [南鳥] 島（東京都）の経度。

15 約 [200] m
この深さまでの海底が大陸だな。

ピンポイント攻略編
よくでる数字 ❷

● 世界に関する数字

1 [0]度 — イギリスの[ロンドン]を通る経線(本初子午線という)の経度。

2 [0]度 — 赤道の緯度。赤道と平行に引かれた線を[緯線]という。

3 [90]度 — 赤道を基準に，南北に分かれる緯度の範囲。北極が北緯90度。

4 [180]度 — ロンドンを通る経線を基準に，東西に分かれる経度の範囲。

5 [15]度 — 1時間の時差が生じる経度の差。360(度)÷24(時間)=15(度)。

6 [9]時間 — 日本とイギリスの時差。135(度)÷15(度)=9(時間)。

7 [6]大陸 — 南極大陸をふくめた世界の大陸の数。最大は[ユーラシア]大陸。

8 約[70]% — 地球の面積にしめる海の割合。陸地のほうが少ない。

入試のツボ とくに産業の種類がよくでるので、確認しておこう！

ピンポイント攻略編

●その他の数字

1 第[1]次産業
農業，林業，水産業。日本全体にしめる割合は年々低下。

2 第[2]次産業
鉱業，製造業，建設業。全体にしめる割合は約24％。

3 第[3]次産業
商業，運輸業，通信業，[サービス]業など。全体にしめる割合は約70％。

4 [65]歳以上
高齢者に分類される人の年齢。日本ではその割合が年々増えている。

5 約[86]歳
日本の女性の平均寿命。世界トップクラス。男性は約80歳。

6 [2万5千]分の1
国土地理院が全国にわたって発行している、基本となる地形図の[縮尺]。

7 [5万]分の1
2万5千分の1地形図4面分を1つにした地形図の縮尺。

8 [10]m
2万5千分の1地形図で、等高線が引かれている標高の間隔。

都道府県の位置と形

（各県は等しい縮尺で表示。島は一部を省略しています）

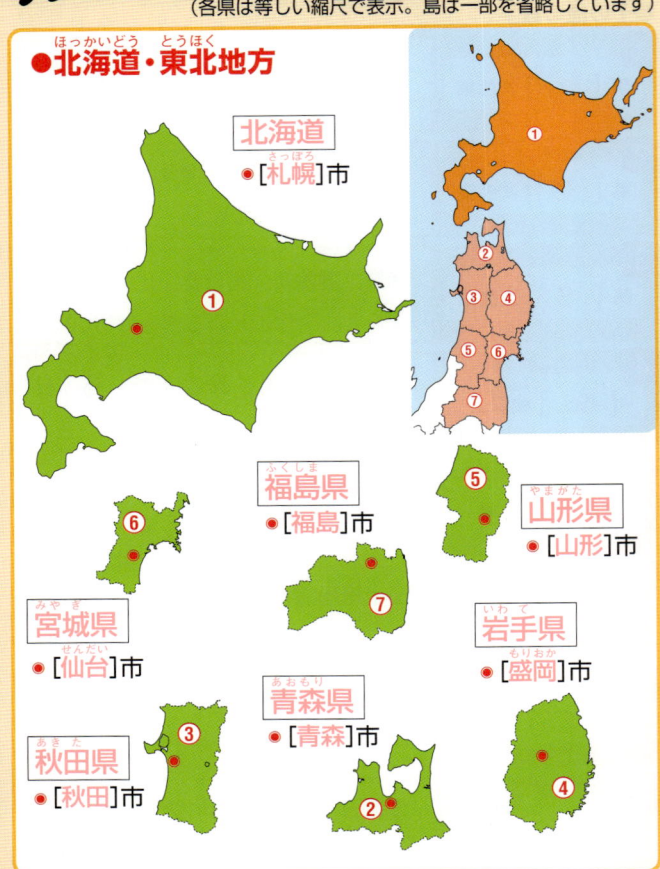

●北海道・東北地方

- 北海道 ①：[札幌]市
- 青森県 ②：[青森]市
- 岩手県 ④：[盛岡]市
- 宮城県 ⑥：[仙台]市
- 秋田県 ③：[秋田]市
- 山形県 ⑤：[山形]市
- 福島県 ⑦：[福島]市

186

●関東地方

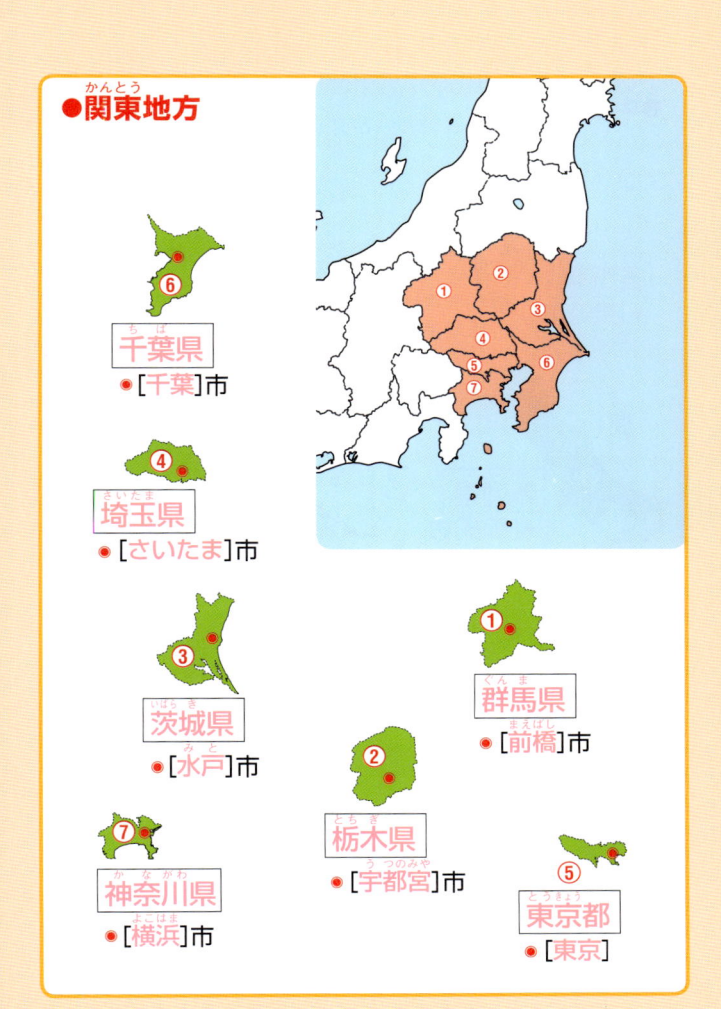

⑥
千葉県
・[千葉]市

④
埼玉県
・[さいたま]市

③
茨城県
・[水戸]市

⑦
神奈川県
・[横浜]市

①
群馬県
・[前橋]市

②
栃木県
・[宇都宮]市

⑤
東京都
・[東京]

● 中部地方(ちゅうぶ)

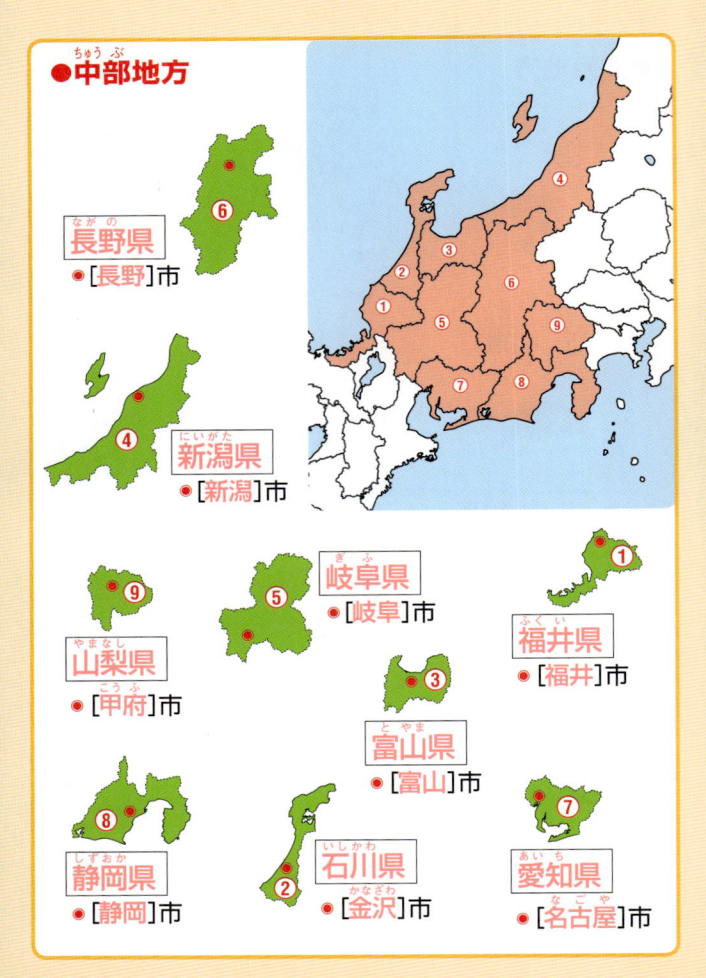

長野県(ながの) ⑥
● [長野]市

新潟県(にいがた) ④
● [新潟]市

岐阜県(ぎふ) ⑤
● [岐阜]市

福井県(ふくい) ①
● [福井]市

山梨県(やまなし) ⑨
● [甲府]市

富山県(とやま) ③
● [富山]市

静岡県(しずおか) ⑧
● [静岡]市

石川県(いしかわ) ②
● [金沢]市

愛知県(あいち) ⑦
● [名古屋]市

● 近畿(きんき)地方

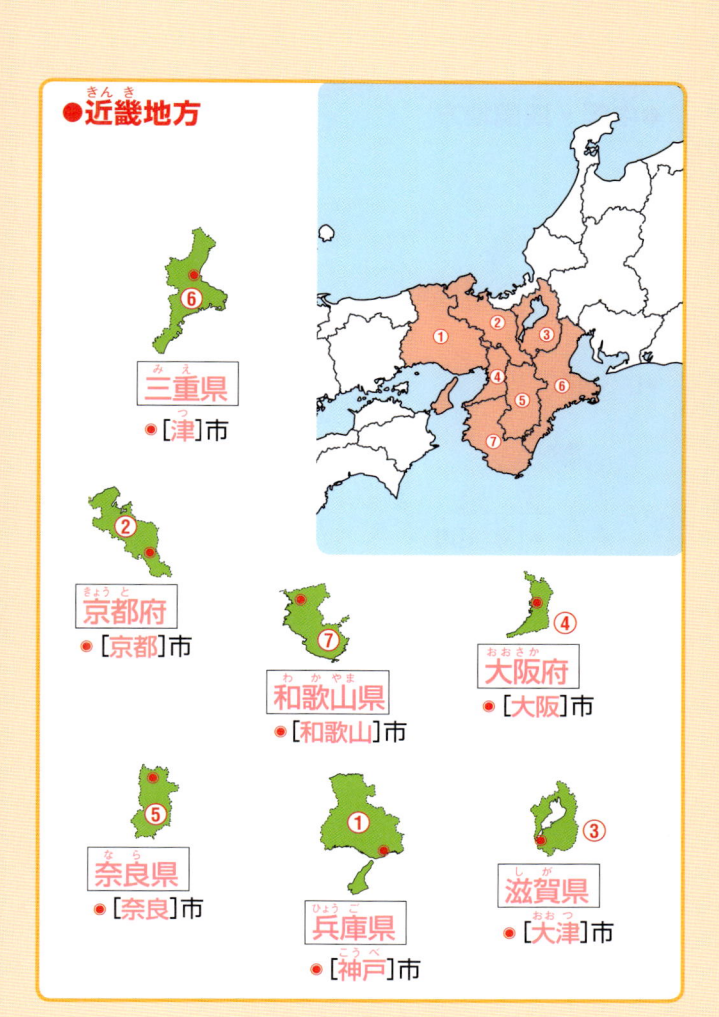

三重県(みえ)
・[津(つ)]市

京都府(きょうと)
・[京都]市

和歌山県(わかやま)
・[和歌山]市

大阪府(おおさか)
・[大阪]市

奈良県(なら)
・[奈良]市

兵庫県(ひょうご)
・[神戸(こうべ)]市

滋賀県(しが)
・[大津(おおつ)]市

●中国・四国地方

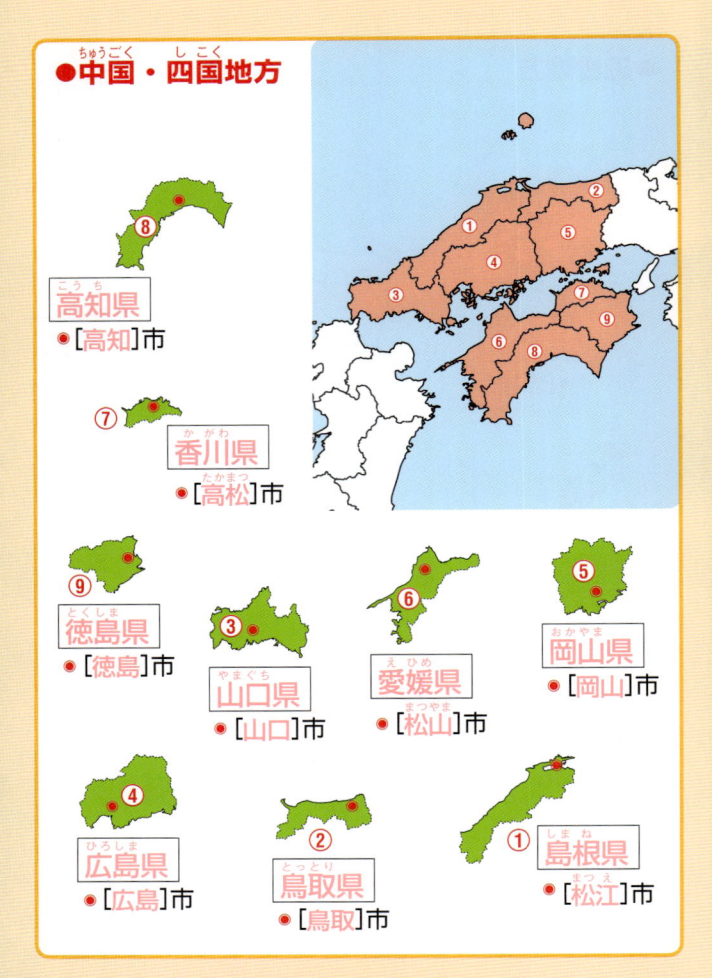

⑧ 高知県
・[高知]市

⑦ 香川県
・[高松]市

⑨ 徳島県
・[徳島]市

③ 山口県
・[山口]市

⑥ 愛媛県
・[松山]市

⑤ 岡山県
・[岡山]市

④ 広島県
・[広島]市

② 鳥取県
・[鳥取]市

① 島根県
・[松江]市

●九州地方

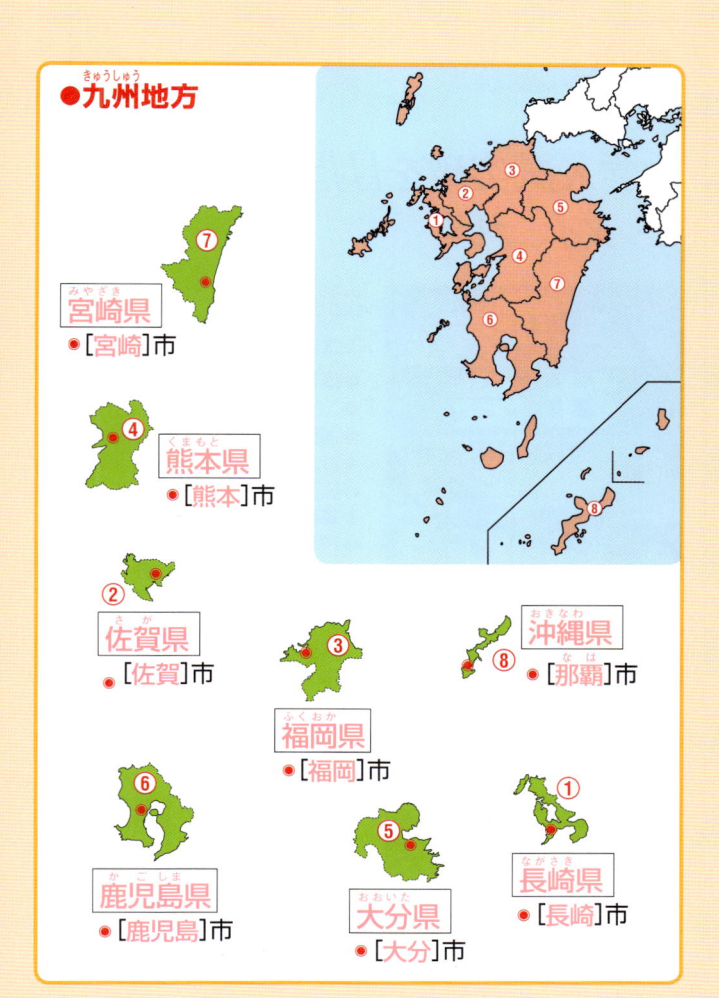

宮崎県
- ⑦ [宮崎]市

熊本県
- ④ [熊本]市

佐賀県
- ② [佐賀]市

福岡県
- ③ [福岡]市

沖縄県
- ⑧ [那覇]市

鹿児島県
- ⑥ [鹿児島]市

大分県
- ⑤ [大分]市

長崎県
- ① [長崎]市

旺文社

〒162-8680 東京都新宿区横寺町55
お客様相談窓口 0120-326-615
http://www.obunsha.co.jp/

中学入試突破を目指すなら
ゼッタイこれ！

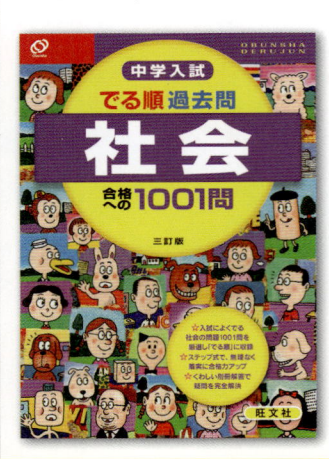

中学入試に必要な問題を分析し、でる順に配列した問題集。豊富な問題量で実戦力が身につきます。

◆ 漢字 合格への2606問
◆ ことわざ・語句・文法 合格への1190問
◆ 国語読解 合格への85問
◆ 計算 合格への920問
◆ 図形 合格への304問
◆ 算数文章題 合格への364問
◆ 理科 合格への926問
◆ 社会 合格への1001問
◆ 白地図 合格への215問
◆ 歴史年表 合格への685問
◇ 小学校まるごと 暗記ポスターブック
◇ 小学校まるごと 暗記カード

中学入試 でる順 過去問 シリーズ

旺文社編 B5判 【全12点】

[中学入試ポケでる　社会　地理　三訂版]

S6e136